LATEIN LEKTÜRE *aktiv!*

HELFRIED GSCHWANDTNER
(HG.)

AUS MYTHOS UND GESCHICHTE

AUSGEWÄHLT UND KOMMENTIERT VON
FRANZ-JOSEPH GROBAUER
UND
WILHELMINE WIDHALM-KUPFERSCHMIDT

öbv & hpt, WIEN

www.oebvhpt.at
www.e-LISA.at

Dieses Werk wurde auf Grundlage eines zielorientierten Lehrplans verfasst. Konkretisierung, Gewichtung und Umsetzung der Inhalte erfolgen durch die Lehrerinnen und Lehrer.

SchBNr.: **115720**

Liebe Schülerin, lieber Schüler,
Sie bekommen dieses Schulbuch von der Republik Österreich für Ihre Ausbildung. Bücher helfen nicht nur beim Lernen, sondern sind auch Freunde fürs Leben.

Lektorat: Thomas Herok
Reihendesign: Fritz Vesely
Layout und Gestaltung: Martin Gaal

1. Auflage 2004 (1.00)

Druck: AV-Druck plus GmbH, 1030 Wien

ISBN 3-209-**04282**-9

[1] (**WB**): Arbeit mit Wörterbuch

Bildquellen

Umschlag: Alexandermosaik. Schlacht Alexanders des Großen gegen den Perserkönig Dareios (römisch, Museo Archeologico Nazionale Neapel) aus N.H. Ramage & A. Ramage, Römische Kunst von Romulus zu Konstantin, Könemann, Köln 1999, p. 83 (Scala Firenze).

S. 7 Alexander der Große (Detail aus dem Alexandermosaik) aus A. de Franciscis, Pompeji – Kultur und Kunst, InterdiPress, Neapel o. J., p. 80 (Museo Archeologico Nazionale Neapel) — S. 9 aus A. Walther, Die Mythen der Antike in der bildenden Kunst, Albatros Verlag, Düsseldorf 2003, p. 53 (Staatliche Kunstsammlungen Dresden, Pfauder) — S. 11 aus Comune di Roma, Sovraintendenza ai Beni Culturali, Musei Capitolini, Electa Editore, Milano 2000, p. 59 (Archivio dei Musei Capitolini). — S. 12 aus F. Durando, Das antike Italien, Verlag Karl Müller, Köln o. J., p. 143 (Museo Archeologico Nazionale Neapel, Araldo de Luca). — S. 16 Arnold Böcklin (1827-1901), Kentaurenkampf auf beschneiter Bergkuppe (1873) aus Reclams Lexikon der antiken Götter und Heroen in der Kunst, Verlag Philipp Reclam jun., Stuttgart 2000, p. 174 (Giraudon Paris). — S. 19 aus G.-W. Költzsch, William Turner – Die Wahrheit der Legende, DuMont, Köln 2002, p. 55 (Tate Gallery London). — S. 20 François Gérard (1770-1837), Didos Tod, aus P. Vergilius Maro, Bucolica, Georgica, et Aeneis. Pierre Didot, Paris 1798 („Louvre-Edition"), VI. — S. 21 aus Chr. Eschenfelder, Tiepolo, Könemann, Köln 1998. — S. 22, 24, 25 Julius Schnorr von Carolsfeld (1794-1872), Illustrationen zu Richter 16. 15-22, Richter 14. 5-6, Richter 16. 23-30, aus Heinrich Metz (Hrsg.), Die Bibel in Bildern. 240 Darstellungen erfunden und gezeichnet von J. S.v.C., Leipzig 1860, Tafeln 81, 79, 82. — S. 26, 28 aus M. D. Garrard, Artemisia Gentileschi: The Image of the Female Hero in Italian Baroque Art. Princeton University Press, New Jersey 1989, plates V; IV — S. 29, 30, 31 aus R. Fusi, Wunderschönes Florenz , Bonechi Editore, Firenze 1973, p. 105, p. 40, p. 41. — S. 33 Illustration zu 1. Samuel 17. 40-51 aus Heinrich Metz (Hrsg.), Tafel 92. — S. 34, 35 aus R. Fusi, p. 109, p. 108. — S. 37 aus Comune di Roma, p. 146. — S. 38 aus Reclams Lexikon der antiken Götter und Heroen in der Kunst, XXVII (Réunion des musées nationaux Paris). — S. 39 aus Comune di Roma, p. 110. — S. 41, 43 aus E. Bauer, Die Sieben Weltwunder, Orbis Verlag für Publizistik, München 2001, p. 44 (E. Thiem, Lotusfilm). — S. 44 aus Comune di Roma, p. 78. — S. 45 aus E. Bauer, p.103 (E. Thiem, Lotusfilm). — S. 46 aus W. Messerschmidt, Historische und ikonographische Untersuchungen, Boreas 12, 1989, Tafel 25. — S. 47 aus M. Bieber, Alexander the Great in Greek and Roman Art, Obol International, Chicago 1979, p. 63. — S. 47 M. Gaal. — S. 49 aus M. Thomas – D. Richter – E. Chr. Vollmer, Italien, C. J. Bucher Verlag, München o. J., p. 35 (Bildarchiv Preußischer Kulturbesitz, Berlin). — S. 50 aus N. Harris, History of Rome, Hamlyn Octopus, London 2000, p. 17 (Museo Archeologico Nazionale Neapel, AKG London). — S. 51 aus Ronald F. Willetts, The Law Code of Gortyn, de Gruyter, Berlin 1967, plate 13. — S. 52 aus N. Harris, p. 27 (Museo Archeologico Nazionale Neapel, AKG London). — S. 53 aus Scheer – Steiner-Klement, Imperium Romanum B, Textband 1, ÖBV, Wien 1989, p. 11. — S. 55 aus Fl. Johansen, Catalogue Roman Portraits Ny Carlsberg Glyptotek I, Copenhagen 1994. — S. 57 aus P. Trippi, J. W. Waterhouse, Phaidon Press, New York , p. 85 (Bestände Folger Shakespeare Library, Washington DC). — S. 59 aus H. Thiersch, Pharos. Antike, Islam und Occident. Ein Beitrag zur Architekturgeschichte. Teubner, Leipzig und Berlin 1909, Tafel III. — S. 60 aus H.-J. Gehrke, Römische Münzen, Diesterweg, Frankfurt am Main 1990. — S. 61 aus P. Trippi, p. 86 (Christies Images Ltd). — S. 61 aus J. Szabadi, Art Nouveau in Hungary, Corvina, Budapest 1989, Abb. 299 (Magyar Nemzeti Galería Budapest). — S. 62 aus F. Durando, p. 122 (Marcello Bertinetti, Archivio Whitestar). — S. 63 aus H. G. Dahms, Deutsche Geschichte im Bild, Ullstein Verlag, Berlin 1969, p. 17. — S. 65 aus Ch. H. Gibbs-Smith, The Bayeux Tapestry, Phaidon Press, New York 1973, plate 42. — S. 67 und S. 68 aus die waage Bd. 39/2, Jg. 2000 (Domkapitel Aachen, Ann Münchow). — S. 69 aus die waage Bd. 39/2, Jg. 2000 (Monumenti, Musei e Gallerie Pontificie, Città del Vaticano; Araldo del Luca für IKONA Roma). — S. 71 Innerösterreichische Wappenseite aus der Handregistratur Friedrichs III. aus R. Sandgruber, Illustrierte Geschichte Österreichs, Pichler Verlag, Wien 2000, p. 92 (Haus-, Hof- und Staatsarchiv, Wien). — S. 73 M. Gaal. — S. 78 Heiliger Florian, Sandl. 19. Jhdt. Sammlung H. Müller, München (Aries Verlag München). — S. 79 aus V. Schauber – H. M. Schindler, Bildlexikon der Heiligen, Pattloch, Augsburg 1999, p. 202 (Stift St. Florian). — S. 81 aus W. J. Wagner, Der große Bildatlas zur Geschichte Österreichs, Kremayr&Scheriau, Wien 1995, p. 51 (Bildarchiv der Österreichischen Nationalbibliothek). — S. 85 aus V. Gassner – S. Jilek – S. Ladstätter, Am Rande des Reiches. Die Römer in Österreich, Ueberreuter, Wien 2002, p. 309 (W. Jobst, Wien). — S. 86 aus W. J. Wagner, p. 50 (Passauer Pfarrkirche St. Severin). — S. 87, 88, 89, 90, 93 aus Sandgruber, p. 19 (Archiv für Kunst und Geschichte Berlin), p. 25 (Diözesanmuseum Salzburg), p. 22 (Bildarchiv der österreichischen Nationalbibliothek), p. 25 (Diözesanmuseum Salzburg), p. 82 (Haus-, Hof- und Staatsarchiv Wien). — S. 95 aus W. J. Wagner, p. 81. — S. 96 aus St. Vajda, Felix Austria. Eine Geschichte Österreichs. Ueberreuter, Wien 1980, p. 100 (Stift Klosterneuburg, Foto Fasching Wilhelmsburg). — S. 97, 98 aus Sandgruber, p. 59 (Österreichische Galerie Belvedere), p. 69 (Bildarchiv der österreichischen Nationalbibliothek). — S. 99 und 103 aus Burgtheater Wien, Grillparzer an der Burg – Theaterbilder. Beilage zum Programmbuch 70 (1990/91), pp. 110 und 113. — S. 110 aus St. Vajda, p. 124 (Dom und Diözesanmuseum Wien). — S. 113 aus Sandgruber, p. 83 (Kunsthistorisches Museum Wien). — S. 114 aus W. Pfaundler, Tiroler Jungbürgerbuch, Inn Verlag, Innsbruck 1967, p. 19 (Nationalbibliothek Wien). — S. 117 1. Blatt der „Historia australis" des Enea Silvio Piccolomini (Codex 3365, fol. 1V) aus Sandgruber, p. 97 (Österreichische Nationalbibliothek). — S. 119 und 121 aus R. Kleinpaul, Das Mittelalter, 1885, Schmidt&Günther, Leipzig 1895, p. 207 und p. 160 (Abb.). — S. 123 aus St. Vajda, p. 207 (Kunsthistorisches Museum Wien, Foto Albrecht Innsbruck). — S. 125 aus Brockhaus' Koversationslexikon, Bd. 12, Leipzig 1894, p. 624 (Tafel Orden I). — S. 126 aus Sandgruber, p. 114 (Sammlungen Schloss Ambras, Kunsthistorisches Museum Wien). — S. 128 aus St. Vajda, p. 261 (Österreichische Nationalbibliothek Wien). — S. 129 aus H. G. Dahms, p. 79. — S. 130 aus Sandgruber, p. 146 (Historisches Museum der Stadt Wien). — S. 131 und 133 aus St. Vajda, p. 313 und 319 (Österreichische Nationalbibliothek, Wien).

Vorwort des Herausgebers

Die themenbezogenen Bände der Reihe „LATEIN-LEKTÜRE aktiv!“ sind an die Anforderungen des aktuellen Lehrplans (2004) besonders gut angepasst und enthalten alle Vorzüge, die auch die autorenbezogenen Bände auszeichnen:

- das klare, übersichtliche Layout (Doppelseitenprinzip)
- Texte, die auf das Interesse der Lernenden abgestimmt sind
- das sorgfältig ausgewählte Lektionsvokabular, das aus den Vokabeln besteht, die für das jeweilige Thema wichtig und typisch sind
- den reichhaltigen Fußnotenapparat, der das Erarbeiten der Texte sehr erleichtert und ein zügiges Übersetzen ermöglicht
- die vielfältigen Anregungen im Zusammenhang mit den Texten und über die Texte hinaus

Jedem, der Latein lernen will, soll das Erlernen möglich gemacht und die Auseinandersetzung mit lateinischen Texten anregend und interessant gestaltet werden. Die Reihe „LATEIN-LEKTÜRE aktiv!“ ist diesem Ziel gewidmet. In diesem Sinn wünsche ich allen, die unsere Bände verwenden, viel Erfolg und Vergnügen!

Wien, im Dezember 2003

Helfried Gschwandtner

Wichtige Vokabel und Namen

Wichtige Vokabel

cado 3, cécidi, casurus	fallen
morior 3, mortuus sum	sterben
percutio 3, percussi, -cussum	(tot) schlagen
plurimus, -a, -um	sehr viel, am meisten
puer, pueri *m.*	Bursche, Bub
sexus, sexus *m.*	Geschlecht
cor, cordis *n.*	Herz
ascendo 3, -scendi, ascensum	besteigen, hinaufsteigen
(con)surgo 3, (con)surrexi, -rectum	sich erheben
sto 1, steti, –	stehen
adhuc (*Adv.*)	noch; bis jetzt
adversum / adversus (+ *Akk.*)	gegen
hodie (*Adv.*)	heute
igitur	daher, also
super (+ *Akk.*)	über
usque ad (+ *Akk.*)	bis zu

Wichtige Namen

Alexander, -ri *m.*	Alexander (*König von Makedonien*)
Amázon, Amázonis *f.*	Amazone
Cleopatra, -ae *f.*	Kleopatra (*ägyptische Königin*)
David (*indekl.*)	David (*biblischer König*)
Eurystheus, -i *m.*	Eurystheus (*König, für den Herkules 12 Taten ausführte*)
Hercules, Herculis *m.*	Herkules
Isra(h)el(i) (*indekl.*)	das Volk Israel
Mars, Martis *m.*	Mars (*Kriegsgott*)
Philistheus, -i *m.*	ein Philister
Philistini, -orum *m. Pl.* / **Philistim** (*indekl.*)	die Philister
Pompeius, -i *m.*	Pompeius (*Gegner Cäsars*)
Prometheus, -i *m.*	Prometheus
Remus, -i *m.*	Remus (*Bruder des Romulus*)
Romulus, -i *m.*	Romulus (*Gründer Roms*)
Samson (*indekl.*)	Samson (*biblischer Held*)
Saul (*indekl.*)	Saul (*biblischer König*)

GESTALTEN AUS MYTHOLOGIE UND GESCHICHTE

Götter, Menschen, Heldentaten
Fürsten, Feldherren, starke Frauen

Prometheus täuscht die Götter[1]

Prometheus, für seine Weisheit bekannt (der griechische Name bedeutet **'Vorausdenker'**), *hatte den Menschen geschaffen und ihm das Feuer zugänglich gemacht …*

Antiqui autem cum totas hostias[2] sacrā consumerent flammā, Prometheus, qui propter excellentiam[3] animi homines finxisse existimatur, impetrasse[4] a Iove dicitur, ut partem hostiae[2] in ignem conicerent et partem in suo consumerent victu. | Quae dum consuetudo perduraret[5], ipse Prometheus duos tauros immolabat. Quorum iecora cum primum in arā posuisset, tauri utriusque carnem in unum[6] compositam[7] corio[8] bubalo texit, ossa, quae circum[9] fuerunt, reliquā pelle contecta[10] in medio locavit[11], Iovi faciens potestatem, ut, quam vellet, sumeret partem. Iuppiter cum factum[12] rescisset[13], mortalibus eripuit[14] ignem, ne caro utilis[15] esset, cum coqui non posset. Prometheus autem mortalibus ignem restituere cogitans, Minervae auxilio caelum dicitur ascendisse et adhibitā ad radios[16] Solis faculā[17] ignem est furatus[18], quem hominibus indicavit. Ob quam causam irati sunt dii et miserunt duo mala in terris[19] maciem et morbos. Ipsum autem Prometheum per Mercurium in monte Scythiae[20] Caucaso[21] ferreā[22] catenā[23] triginta[24] milia annorum vinxit Iuppiter ad saxum, adhibens ei aquilam, quae cor eius exederet[25]. Hercules autem missus ab Eurystheo propter Hesperidum[26] māla nescius[27] viae devenit in Caucasum[21] montem ad Prometheum. A quo demonstratā viā post victoriam pro gratiae beneficio[28] aquilam cor eius exedentem[25] interfecit.

[1] *Der Text stammt aus: Mythographi Vaticani I et II (ed. Peter Kulcsar, 1987)*
[2] **hostia**, -ae *f.*: Opfertier
[3] **excellentia**, -ae *f.*: Vorzüglichkeit
[4] **impetrasse = impetravisse**
[5] **perduro 1**: andauern
[6] **in unum = in unum locum**
[7] **compono 3**, composui, -positum: zusammenlegen
[8] **corium** (-i *n.*) **bubalum**: Rinderhaut
[9] **circum** *hier Adv.*: rings herum
[10] **contego 3**, contegi, -tectum: zudecken
[11] **loco 1**: platzieren
[12] **factum**, -i *n.*: Tat. *Juppiter hatte offensichtlich den größeren Haufen mit den Knochen gewählt!*
[13] **rescisco 3**, rescii, –: durchschauen
[14] **eripio 3**, eripui, ereptum: wegnehmen
[15] **utilis**, utile: brauchbar
[16] **radius**, -i *m.*: Strahl
[17] **facula**, -ae *f.*: Fackel
[18] **furor 1**: stehlen
[19] **in terris** *statt* **in terras** (*Rektionsvertauschung, vgl. S. 33*)
[20] **Scythia**, -ae *f.*: Skythien (*Landschaft am Schwarzen Meer*)
[21] **Caucasus**, -i *m.*: Kaukasus (*Gebirge*)
[22] **ferreus**, -a, -um: eisern
[23] **catena**, -ae *f.*: Kette
[24] **triginta**: dreißig
[25] **exedo 3**: verzehren
[26] **Hesperides**, Hesperidum *f. Pl.*: Hesperiden (*Töchter des Atlas, die im fernen Westen einen Baum mit goldenen Äpfeln bewachen*)
[27] **nescius**, -a, -um + *Gen.*: unkundig
[28] **pro gratiae beneficio**: *übersetze* „zum Dank für die Hilfe“

VOCABULARIUM

antiquus, -a, -um	alt (*hier.*: *Subst.*)
sacer, sacra, sacrum	heilig
flamma, -ae *f.*	Flamme
fingo 3, finxi, fictum	formen (*auch*: erdichten)
existimor 1 + *NcI*	man glaubt von mir, dass ich …
dum (+*Ind.*/*Konj.*)	solange; als (*seit Spätantike* = **cum**)
consuetudo, consuetudinis *f.*	Gewohnheit
taurus, -i *m.*	Stier
immolo 1	opfern
iecur, iecoris *n.*	Leber
ara, -ae *f.*	Altar
caro, carnis *f.*	Fleisch
tego 3, texi, tectum	bedecken
os, ossis *n.*	Knochen
pellis, pellis *f.*	Fell
potestas, potestatis *f.*	Möglichkeit
mortalis, mortale	sterblich (*hier*: *Subst.*)
coquo 3, coxi, coctum	kochen
cogito 1	denken (*hier*: + *Inf.*)
Minerva, -ae *f.*	Minerva (*Göttin der Weisheit*)
adhibeo 2	hinzuziehen
indico 1	(an)zeigen
irascor 3, iratus sum	zornig werden
malum, -i *n.*	Übel
macies, maciei *f.*	Magerkeit
Mercurius, -i *m.*	Merkur (*Götterbote*)
vincio 4, vinxi, vinctum	fesseln
saxum, -i *n.*	Fels
mālum, -i *n.*	Apfel
via, -ae *f.*	Weg
devenio 4, deveni, deventum	hingelangen

Ars Grammatica: der **NcI** und die Konjunktionen **cum**, **ut** und **ne** beim Konjunktiv

Lateinisch	Deutsch
passives **dicere**	sollen / man sagt, dass
passives **existimare**	sollen / man glaubt, dass
passives **videre**	scheinen

Lateinisch	Deutsch
cum	als, weil, obwohl
ut	dass, damit, sodass
ne	dass nicht / damit nicht
ut non	sodass nicht

François Lespingola (1644-1705), Herkules befreit Prometheus, Bronzeplastik.

ACTIVA ET CONTEMPLATIVA

- Suche im Text alle Verben (3), von denen ein *NcI* abhängt, und unterstreiche sie.
- Unterstreiche im Text alle Konjunktionen *cum*, *ut* und *ne* beim Konjunktiv (7) und überlege dir dazu die jeweils passende Bedeutung.
- Suche alle Partizipalkonstruktionen des Textes, unterstreiche die Partizipien (9), kläre, ob es sich um ein *Participium coniunctum* oder einen *Ablativus absolutus* handelt, und finde die jeweils beste (freie) Übersetzungsmöglichkeit.
- Wodurch erweist sich Prometheus als Menschenfreund und was bringt es ihm ein?

Herkules' Herkunft

Der Italiener Giovanni Boccaccio (1313-1375) berichtet in seiner „Genealogia deorum gentilium", in der er den heidnischen Mythos erklärt und deutet, auch über Herkules, den Superhelden der Antike. Über dessen Herkunft erzählt er Folgendes[1]*:*

Hercules (...) filius fuit Iovis et Alcmenae. Quae, ut quidam volunt, hāc lege[2] nupsit Amphitryoni[3], ut mortem fratris sui a Teleboeis[4] occisi ulcisceretur. In quā expeditione (...) cum versaretur Amphitryon[3], Iuppiter in Alcmenam ardens, Amphitryonis[3] militantis formā sumptā[5], ante lucem quasi ab expeditione rediens accessit ad eam. Quae cum eum virum suum (esse) crederet, cum eo concubuit. Ex quo concubitu (...) concepit. Ad quam conceptionem[6] nolunt[7] noctem unam suffecisse. Quin immo aiunt tribus[8] in unam iunctis lasciviendi[9] spatium adultero[10] Iovi concessum[11] (...). Et sic in tempore geminos peperit, ex Amphitryone[3] viro Iphicleum[12], ex Iove autem Herculem. (...) Hunc veteres maximis extollunt laudibus, et eum, quantum[13] ad corporis staturam, maximum ferunt[14], adeo, ut nolint[7] eius altitudinem superasse[15] quemquam, et eam[16] septem fuisse pedum. (...) Dum adhuc esset infantulus[17] et in cunis[18] cum fratre iacēret, a Iunone odiis insecutus, dormientibus parentibus, ad eum devorandum[19] serpentes duo missi sunt. Quibus visis, terrefactus[20] Iphicleus ex cunis[18] decidit[21] et eiulatu[22] suo parentes excitavit. Qui surgentes Herculem invenēre[23] cepisse manibus serpentes et eos occidisse. (...)

[1] *Der Text stammt aus Giovanni Boccaccio, Genealogia deorum gentilium (ed. V. Romano, Bari 1951), 632f*
[2] **lex**, legis *f.*: Bedingung
[3] **Amphitryon**, Amphitryonis *m.*: Amphitryon (*männlicher Eigenname*)
[4] **Teleboae**, -arum *m. Pl.*: Teleboer (*Küstenvolk in Westgriechenland*)
[5] **sumo 3** *hier*: annehmen
[6] **conceptio**, conceptionis *f.*: Empfängnis
[7] **nolunt + AcI** *hier*: man erzählt sich, dass nicht ...
[8] **tribus** <noctibus> **in unam** <noctem> **iunctis** (*Abl. abs. mit modaler Bedeutung*): dadurch, dass ...
[9] **lascivio 4**: ausgelassen sein
[10] **adulter**, adulteri *m.*: Ehebrecher
[11] **concessum**: *ergänze* **est**
[12] **Iphicleus**, -i *m.*: Iphikles (*männlicher Eigenname*)
[13] **quantum** (pertinet) **ad** + *Akk.*: soweit es betrifft
[14] **ferunt = dicunt**; **eum ... maximum (fuisse) ferunt**
[15] **superasse = superavisse**; *ordne*: **ut nolint quemquam eius altitudinem supera(vi)sse**
[16] *Ordne*: **eam (= staturam) septem pedum fuisse**
[17] **infantulus**, -i *m.*: Kleinkind
[18] **cunae**, -arum *f. Pl.*: Wiege
[19] **devoro 1**: verschlingen
[20] **terrefactus**, -a, -um: erschreckt
[21] **decido 3**, décidi, –: herunterfallen
[22] **eiulatus**, eiulatus *m.*: Wehgeschrei
[23] **invenēre = invenerunt**; *ordne*: **invenēre** (*hier*: + *AcI*) **Herculem serpentes manibus cepisse et eos occidisse**

VOCABULARIUM

Alcmena, -ae *f.*	Alkmene (*Mutter des Herkules*)
nubo 3, nupsi, nupta + *Dat.*	heiraten (*nur von der Frau*)
ulciscor 3, ultus sum	rächen
expeditio, expeditionis *f.*	Feldzug
versor 1	sich befinden
ardeo 2, arsi, arsum	glühen (*hier*: in Liebe entbrannt sein zu)
milito 1	als Soldat kämpfen
forma, -ae *f.*	(schöne) Gestalt
concumbo 3, concubui, -cubitum	schlafen mit
concubitus, concubitus *m.*	Beischlaf
concipio 3, concepi, -ceptum	empfangen
sufficio 3, suffeci, -fectum	ausreichen
aiunt	sie sagen
quin immo = **quin etiam**	ja sogar
iungo 3, iunxi, iunctum	verbinden
geminus, -i *m.*	Zwilling
pario 3, péperi, partum	hervorbringen (*hier*: gebären)
extollo 3, extuli, –	erheben
laus, laudis *f.*	Lob(eshymne)
statura, -ae *f.*	Wuchs
adeo (*Adv.*)	so sehr
altitudo, altitudinis *f.*	Höhe, Größe
dum (+*Ind./Konj.*)	solange; als (*seit Spätantike* = **cum**)
iaceo 2, iacui, –	liegen
insequor 3, insecutus sum	verfolgen
dormio 4	schlafen
serpens, serpentis *f.*	Schlange
excito 1	aufwecken
surgo 3, surrexi, -rectum	aufstehen

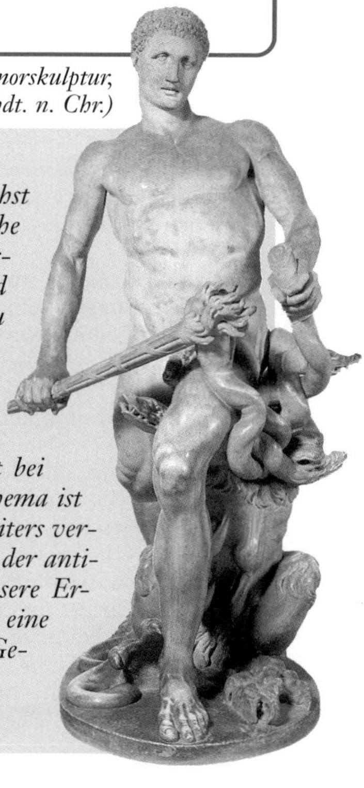

Herkules (antike Marmorskulptur, 2. Jhdt. n. Chr.)

Boccaccio

Der Florentiner ***Giovanni Boccaccio*** *(1313-1375) war zunächst Kaufmann, studierte aber dann kanonisches Recht und klassische Sprachen. Er gehört mit* ***Dante Alighieri****, den er verehrte und dessen* ***„Divina Comedia“*** *er zu einem guten Teil kommentierte, und* ***Francesco Petrarca****, dem er freundschaftlich verbunden war, zu den bedeutendsten Vertretern des Humanismus im Italien des 14. Jhdts. Seine Novellensammlung* ***„Il Decamerone“****, die großen Einfluss auf die Herausbildung der italienischen Kunstprosa hatte, zählt zur Weltliteratur: Sieben Damen und drei Herren erzählen da zur Zeit der großen Pest 1348 auf einem Landgut bei Florenz an zehn Tagen jeweils zehn Geschichten. Gemeinsames Thema ist dabei als einigendes Band die Liebe in all ihren Ausformungen. Weiters verfasste Boccaccio aber auch lateinische Werke: So etwa eine Deutung der antiken Mythologie,* ***„Genealogia deorum gentilium“****, aus der unsere Erzählung von Herkules' Geburt und Kindheit entnommen ist, und eine biographische Sammlung berühmter Frauen aus Mythos und Geschichte (****„De claris mulieribus“****).*

Die zwölf Arbeiten des Herkules

Unter dem Namen des ***Hygin*** *hat sich ein mythologisches Handbuch erhalten, das Herkules' Taten kurz so beschreibt*[1]*:*

Leonem Nemaeum[2], quem Luna nutrierat[3] in antro amphistomo[4] atrotum[5], necavit. Cuius pellem pro tegumento[6] habuit. Hydram[7] Lernaeam[8] Typhonis filiam cum capitibus novem ad fontem Lernaeum[8] interfecit. Haec tantam vim veneni habuit, ut afflatu[9] homines necaret, et si quis eam dormientem transierat, vestigia[10] eius afflabat[11] et maiore cruciatu[12] moriebatur. Hanc Minervā monstrante interfecit et exinteravit[13] et eius felle sagittas suas tinxit. Itaque, quicquid postea sagittis fixerat[14], mortem non effugiebat[15]. Unde postea et[16] ipse periit[17] in Phrygiā[18]. Aprum Erymanthium[19] occidit. Cervum[20] ferocem[21] in Arcadiā[22] cum cornibus aureis vivum in conspectu Eurysthei regis adduxit. Aves Stymphalides[23] in insulā Martis, quae emissis[24] pennis suis iaculabantur[25], sagittis interfecit. Augeae[26] regis stercus bobile[27] uno die purgavit[28], maiorem partem Iove adiutore[29]; flumine admisso[30] totum stercus abluit.

Herkules (antike Marmorskulptur, Anfang 2. Jhdt. n. Chr.)

(Fortsetzung auf Seite 14)

[1] *Text aus: Hygini fabulae (ed. Peter K. Marshall, Teubner, Stuttgart – Leipzig 1993)*
[2] **Nemaeus**, -a, -um: von Nemea (*Stadt auf der Peloponnes*)
[3] **nutrio 4**: ernähren; **nutrierat = nutriverat**
[4] **amphístomus**, -a, -um: mit zwei Eingängen
[5] **atrotus**, -a, -um: unverwundbar
[6] **tegumentum**, -i *n.*: Bedeckung
[7] **hydra**, -ae *f.*: Hydra (*Wasserschlange*)
[8] **Lernaeus**, -a, -um: aus Lerna (*Stadt auf der Peloponnes*)
[9] **afflatus**, afflatus *m.*: Hauch
[10] **vestigium**, -i *n.*: Fußsohle
[11] **afflo 1**: anhauchen
[12] **cruciatus**, cruciatus *m.*: Qual
[13] **exintero 1**: ausweiden
[14] **figo 3**, fixi, fixum: durchbohren
[15] **effugio 3**: entkommen
[16] **et = etiam**
[17] **pereo 3**, -ire, perii, -itum: zugrunde gehen
[18] **Phrygia**, -ae *f.*: Phrygien (*Landschaft in Kleinasien*)
[19] **Erymanthius**, -a, -um: vom Erymanthus (*Gebirge auf der Peloponnes*)
[20] **cervus**, -i *m.*: Hirsch
[21] **ferox** (*Gen.*: ferocis): wild
[22] **Arcadia**, -ae *f.*: Arkadien (*Landschaft auf der Peloponnes*)
[23] **Stymphalis**, Stymphalidis *f.*: vom Stymphalus (*Sumpf in Arkadien*)
[24] **emitto 3**, emisi, emissum: abschießen; **emissis pennis suis**: *modaler Abl. abs.*: dadurch, dass …
[25] **iaculor 1**: Geschoße schleudern
[26] **Augeas**, -ae *m.*: Augeas (*männl. Eigenname*)
[27] **bobilis**, bobile: Rinder-…
[28] **purgo 1**: reinigen
[29] **adiutor**, adiutoris *m.*: Helfer; **Iove adiutore**: *Abl. abs.*
[30] **admitto 3**, admisi, -missum: hinzulassen

VOCABULARIUM

leo, leonis *m.*	Löwe
luna, -ae *f.*	Mond (*hier*: Mondgöttin)
antrum, -i *n.*	Höhle
neco 1	töten
pellis, pellis *f.*	Fell
fons, fontis *m.*	Quelle
Typho, Typhonis *m.*	Typhon (*einer der Giganten*)
venenum, -i *n.*	Gift
Minerva, -ae *f.*	Minerva (*Göttin der Weisheit*)
monstro 1	zeigen (*hier*: anleiten)
fel, fellis *n.*	Galle (*hier*: Gift)
sagitta, -ae *f.*	Pfeil
tingo 3, tinxi, tinctum	benetzen
quicquid	was auch immer
unde (*nach Punkt, Strichpunkt, Doppelpunkt*)	daher
aper, apri *m.*	Eber
cornu, cornus *n.*	Horn
aureus, -a, -um	golden
Eurystheus, -i *m.*	Eurystheus (*König von Mykene*)
avis, avis *f.*	Vogel
penna, -ae *f.*	Feder
stercus, stercoris *n.*	Mist
abluo 3, ablui, ablutum	wegspülen

Herkules als Heldengestalt

*In der Gestalt des Herkules (griech.: **Herakles**) lassen sich verschiedene Aspekte eines Helden feststellen. Herkules ist mit seiner Keule **Symbol unbändiger Kraft und Stärke**. Seine Taten vollbringt er anders als etwa Odysseus nicht durch Klugheit und Einfallsreichtum, sondern dadurch, dass er wild dreinschlägt. So kann er dann in Komödie oder Satire, etwas überzeichnet, als tölpelhafter **Kraftprotz** auftreten, der sich hemmungslos grobsinnlichen Genüssen hingibt. Kein Rockzipfel bleibt vor ihm sicher. Ungeheuer ist aber nicht nur seine Potenz, sondern auch sein Durst und Appetit. Für Feinsinnigkeit und Intellekt ist da kein Platz.*

*Freilich ist es aber auch Herkules, der sich mit der Bewältigung seiner zwölf Arbeiten und dank seiner Verdienste um die Menschen buchstäblich den Himmel verdient. Lohn all seiner Anstrengungen ist die Aufnahme in den Olymp, wo er mit der Göttin der Jugend **Hebe** verheiratet wird. Als **Gott** genoss Herkules natürlich auch kultische Verehrung. In Rom wurde er mit dem Beinamen „**Victor**" und „**Invictus**" besonders Schutzgott des Militärs.*

*Seine hervorragenden körperlichen, aber auch charakterlichen Eigenschaften machten darüber hinaus den Superhelden Herkules zur **Heilsgestalt** für die Menschheit in ihren Nöten. Auf seinen weiten Reisen säubert er ja die Welt nach und nach von Unholden und Ungeheuern und ermöglicht so den geplagten Menschen ein Leben in Ruhe und Frieden. In dieser Rolle diente er seit jeher auch Herrschern zum Vorbild. Noch die habsburgischen Kaiser identifizierten sich gerne mit ihm, wie sich z. B. an den zahlreichen Herkulesdarstellungen rund um die neue Hofburg in Wien sehen lässt.*

*Den ethischen Aspekt in der Figur des Herkules betonte die griechische Philosophie. Vom Sophisten Prodikos (5. Jhdt. v. Chr.) stammt die Fabel von **Herkules am Scheideweg**: Vor die Wahl gestellt, ob er ein Leben in Ausschweifung und sinnlichen Genüssen führen oder den entbehrungsreichen Pfad der Tugend gehen wolle, der zur Unsterblichkeit führe, entscheidet sich Herkules für Letzteres. So wird Herkules zum **Dulder**, dessen Leid Sinn erhält. Für die Philosophenschule der Stoā wird er schlichtweg zum „Heiligen".*

Taurum, cum quo Pasiphaë concubuit, ex Cretā insulā Mycenis[1] vivum adduxit. Diomedem Thraciae regem et equos quattuor eius, qui carne humanā vescebantur[2], cum Abdero[3] famulo interfecit; equorum autem nomina Podargus[4], Lampon, Xanthus, Dinus. Hippolyten[5] Amazonam, Martis et Otrerae[6] reginae filiam, cui reginae Amazonis balteum detraxit; tum Antiopam[7] captivam Theseo donavit. Geryonem[8] Chrysaoris[9] filium trimembrem[10] uno telo interfecit. Draconem immanem[11] Typhonis filium, qui māla aurea Hesperidum[12] servare solitus erat, ad montem Atlantem interfecit, et Eurystheo regi māla attulit. Canem Cerberum Typhonis filium ab inferis regi in conspectum adduxit.

Herkules und Megara

Hercules cum ad canem[13] tricipitem esset missus ab Eurystheo rege et Lycus[14] Neptuni filius putasset[15] eum periisse[16], Megaram Creontis[14] filiam uxorem eius et filios Therimachum[14] et Ophiten interficere voluit et regnum occupare. Hercules eo intervenit et Lycum[14] interfecit. Postea ab Iunone insaniā obiectā Megaram et filios Therimachum[14] et Ophiten interfecit. Postquam suae mentis compos[17] est factus, ab Apolline petiit[18] dari sibi responsum[19], quomodo scelus purgaret[20]. Cui Apollo sortem quod reddere noluit, Hercules iratus de fano eius tripodem[21] sustulit. Quem postea Iovis iussu reddidit et nolentem sortem dare iussit. Hercules ob id a Mercurio Omphalae[22] reginae in servitutem datus est.

1 **Mycenis** (*Zieldativ*) = **Mycenas**
2 **vescor 3**: sich nähren
3 **Abderus**, -i *m.*: Abderus (*männlicher Eigenname*)
4 **Podargus**, **Lampon**, **Xanthus**, **Dinus** = *Eigennamen*; *ergänze*: **erant**
5 **Hippolyte**, Hippolytis *f.*: Hippolyte (*weibl. Eigenname*); **Hippolyten** (*griech. Akk.*): *ergänze nochmals*: **interfecit**
6 **Otrera**, -ae *f.*: Otrere (*weibl. Eigenname*)
7 **Antiopa**, -ae *f.*: Antiope (*Schwester der Hippolyte*)
8 **Geryon**, Geryonis *m.*: Geryon (*dreileibiger Riese*)
9 **Chrysaor**, Chrysaoris *m.*: Chrysaor (*männl. Eigenname*)
10 **trimembris**, trimembre: dreileibig
11 **immanis**, immane: riesig
12 **Hesperides**, Hesperidum *f. Pl.*: Hesperiden (*Töchter des Atlas und der Nyx* [griech. „*Nacht*"])
13 *gemeint ist der Höllenhund* **Kerberos**
14 **Lycus** (-i *m.*), **Creon** (Creontis *m.*), **Therimachus** (-i *m.*) und **Ophites** (Ophitis *m.*; *Akk.*: **Ophiten**) = *männl. Eigennamen*
15 **putasset = putavisset**
16 **pereo**, -ire, perii, -itum: zugrunde gehen
17 **compos** + *Gen.*: im Besitze + *Gen.*
18 **petiit = petivit**
19 **responsum**, -i *n.*: Orakelspruch
20 **purgo 1** *hier*: sühnen
21 **tripus**, tripodis *m.*: Dreifuß (*Kessel auf drei Füßen, durch den Apoll in Delphi seine Orakel gab*)
22 **Omphale**, -ae *f.*: Omphale (*Königin von Lydien in Kleinasien, der Herkules ein Jahr dienen musste*)

VOCABULARIUM

taurus, -i *m.*	Stier
Pasiphaë, -ae *f.*	Pasiphaë (*Frau des Königs Minos*)
concumbo 3, -cubui, -cubitum	schlafen mit
Creta, -ae *f.*	Kreta
Mycenae, -arum *f. Pl.*	Mykene (*Stadt auf der Peloponnes*)
Diomedes, Diomedis *m.*	Diomedes
Thracia, -ae *f.*	Thrakien (*Landschaft am Balkan*)
caro, carnis *f.*	Fleisch
famulus, -i *m.*	Diener
regina, -ae *f.*	Königin
balteus, -i *m.*	Gürtel
detraho 3, detraxi, detractum	abnehmen
Theseus, -i *m.*	Theseus
dono 1	schenken
draco, draconis *m.*	Drache
Typho, Typhonis *m.*	Typhon (*einer der Giganten*)
mālum, -i *n.*	Apfel
aureus, -a, -um	golden
servo 1	bewahren (*hier*: bewachen)
Atlas, Atlantis *m.*	Atlas (*Titan, der den Himmel trägt*)
canis, canis *m.*	Hund
Cerberus, -i *m.*	Kerberos (*Höllenhund*)
inferi, -orum *m. Pl.*	Unterwelt
triceps (*Gen.*: tricipitis)	dreiköpfig
Neptunus, -i *m.*	Neptun (*Gott des Meeres*)
Megara, -ae *f.*	Megara (*erste Frau des Herkules*)
intervenio 4, interveni, -ventum	dazwischenkommen
Iuno, Iunonis *f.*	Juno
insania, -ae *f.*	Wahnsinn
obicio 3, obieci, obiectum	entgegenwerfen (*hier*: verursachen)
Apollo, Apollinis *m.*	Apoll (*Gott der Weissagung*)
sors, sortis *f.*	Los (*hier*: Orakel)
irascor 3, iratus sum	zornig werden
fanum, -i *n.*	Heiligtum
iussu	auf Befehl
Mercurius, -i *m.*	Merkur (*Götterbote*)

ACTIVA ET CONTEMPLATIVA

- Herkules heißt auf Griechisch bekanntlich Herakles, was soviel wie „Ruhm der Hera" (= Juno) bedeutet. Worin besteht dabei eine gewisse Ironie?
- Versucht zu den einzelnen Taten des Herkules Beispiele aus der bildenden Kunst aufzutreiben und gestaltet eine kleine Ausstellung.
- In welcher Form ist der Herkulesmythos noch heute präsent?

Amazonen

*Die Amazonen sind ein sagenhaftes Volk kriegerischer Frauen, die man sich im Nordosten Kleinasiens beheimatet dachte. Männer dienen ihnen nur zur Fortpflanzung bzw. für niedere Sklavendienste. Von klein auf werden dagegen die Mädchen im Kampf geschult. Um besser mit dem Bogen schießen zu können, verstümmeln sie ihre rechte Brust. In die Schlacht ziehen sie zumeist beritten. Darstellungen vom Kampf der Griechen gegen Amazonen finden sich schon früh auf Vasen und Reliefs. Die großen griechischen Helden haben allesamt mit ihnen zu tun: **Herkules** raubt für Eurystheus den Gürtel der **Hippolyte**, **Theseus** provoziert mit der Entführung **Antiopes** einen Krieg der Amazonen gegen Athen, und **Achill** erschlägt und betrauert vor Troja die schöne **Penthesileia**.*

Herkules und die Kentauren

Hercules cum in hospitium ad Dexamenum[1] regem venisset eiusque filiam Deianiram devirginasset[2] fidemque dedisset se eam uxorem ducturum, post discessum eius Eurytion[3] Ixionis et Nubis filius centaurus petit Deianiram uxorem. Cuius pater vim timens pollicitus est se daturum. Die constituto venit cum fratribus ad nuptias. Hercules intervenit et centaurum interfecit, suam speratam abduxit. Item aliis in nuptiis[4]: Pirithous[5] Hippodamiam Adrasti filiam cum uxorem duceret, vino pleni centauri conati sunt rapere uxores Lapithis[6]; eos centauri multos interfecerunt, ab ipsis interierunt.

Nessus[7] Ixionis[3] et Nubis[3] filius centaurus rogatus ab Deianirā, ut se flumen Euhenum[8] transferret[9]: Quam sublatam in flumine ipso violare voluit. Hoc Hercules cum intervenisset et Deianira cum fidem[10] eius implorasset, Nessum sagittis confixit[11]. Ille moriens, cum sciret[12] sagittas hydrae[13] Lernaeae[14] felle tinctas, quantam vim haberent veneni, sanguinem suum exceptum Deianirae dedit et id philtrum[15] esse dixit: Si vellet[16], ne se coniunx sperneret[17], eo iuberet vestem eius perungi[18]. Id Deianira credens conditum diligenter servavit.

[1] **Dexamenus**, -i *m.*: Dexamenus (*männl. Eigenname*); seine Tochter ist **Deianira**, -ae *f.*
[2] **devirgino** 1: entjungfern
[3] **Eurytion**, Eurytionis *m.*: Eurytion; *wie alle Kentauren Sohn des Unterweltbüßers* **Ixion** (Ixionis *m.*) *und der Nymphe* **Nubes** (Nubis *f.*)
[4] *ergänze*: **fiebat**
[5] **Pirithous**, -i *m.*: Perithous (*König der Lapithen*)
[6] **Lapithi**, -orum *m. Pl.*: Lapithen (*Volk in der griech. Landschaft Thessalien*
[7] **Nessus**, -i, *m.*: der Kentaur Nessus; *zu* <**Nessus**> **rogatus** ergänze **est**
[8] **Euhenus**, -i *m.*: Euhenus (*Fluss in der griech. Landschaft Ätolien*)
[9] **transfero**: hinübertragen über
[10] **fides**, fidei *f. hier*: zuverlässige Hilfe
[11] **configo** 3, confixi, -fixum: durchbohren
[12] **sciret sagittas … tinctas quantam vim … haberent veneni = sciret, quantam vim veneni sagittae … tinctae haberent**
[13] **hydra**, -ae *f.*: Hydra (Wasserschlange)
[14] **Lernaeus**, -a, -um: aus Lerna (*Stadt auf der Peloponnes*)
[15] **philtrum**, -i *n.*: Liebeszauber
[16] *Nessus' Rat wird in indirekter Rede erteilt*: *Subj. zu* **vellet** *und* **iuberet** *ist* **Deianira**.
[17] **sperno 3**: verschmähen
[18] **perungo 3**: beschmieren

Kentauren

*Die **Kentauren** sind Fabelwesen: halb Pferd, halb Mensch. Sie gelten zumeist als brutale Trunkenbolde. Eine Ausnahme stellt **Chiron**, der feinsinnige und weise Lehrer des **Achill**, dar, der seinen Zögling nicht nur im Bogenschießen, sondern auch im Leierspiel unterwiesen haben soll. Berühmt ist der Kampf zwischen Kentauren und ihrem Nachbarvolk, den **Lapithen**. Die Griechen sahen in diesem Kampf ihr Ringen mit den Persern, d.h. mit dem Barbarentum, symbolisiert. Nicht zuletzt deshalb zierten Darstellungen dieser mythischen Auseinandersetzung die berühmtesten Heiligtümer Griechenlands, wie etwa den **Zeustempel** in **Olympia** oder den **Parthenontempel** auf der Akropolis in **Athen**.*

Herkules' Ende

Hercules cum Iolen Euryti[1] filiam in coniugium petiisset[2], ille eum repudiasset, Oechaliam[3] expugnavit. Qui ut a virgine rogaretur, parentes eius coram eā interficere velle coepit. Illa animo pertinacior[4] parentes suos ante se necari est perpessa. Quos omnes cum interfecisset, Iolen captivam ad Deianiram praemisit.

Deianira[5] Oenei[5] filia Herculis uxor cum vidit Iolen virginem captivam eximiae formae esse adductam, verita est, ne se coniugio privaret. Itaque memor Nessi praecepti, vestem[6] tinctam centauri sanguine Herculi qui ferret, nomine Licham[7] famulum misit. Inde paulum[8], quod in terrā deciderat (et id[9] sol attigit[10]), ardere coepit. Quod Deianira ut vidit, aliter esse, ac[11] Nessus dixerat, intellexit, et, qui[12] revocaret eum, cui vestem dederat, misit. Quam Hercules iam induerat statimque flagrare[13] coepit. Qui cum se in flumen coniecisset, ut ardorem[14] extingueret[15], maior flamma exibat. Demere[16] autem cum vellet, viscera[17] sequebantur. Tunc Hercules Licham[7], qui vestem attulerat, rotatum[18] in mare iaculatus[19] est. Qui quo loco cécidit, petra nata est, quae Lichas[7] appellatur. Tunc dicitur Philoctetes[20] Poeantis[21] filius pyram in monte[22] Oetaeo construxisse[23] Herculi. Eumque ascendisse[24] immortalitatem. Ob id beneficium Philocteti Hercules arcūs et sagittas donavit. Deianira autem ob[25] factum Herculis ipsa se interfecit.

[1] **Iole**, Iolis *f.*: Iole (*Tochter des* **Eurytus**, -i); **Iolen**: *griech. Akkusativ*
[2] **petiisset = petivisset**; **repudiasset = repudiavisset**
[3] **Oechalia**, -ae *f.*: Oechalia (*Stadt auf der griech. Insel Euböa*)
[4] **pertinax** (*Gen.*: pertinacis): hartnäckig
[5] **Deianira**, -ae *f.*: Deianira (*weibl. Eigenname*). *Als Vater Deianiras nennt Hygin hier* **Oeneus**, -i *m.*, *an anderer Stelle* (*vgl. S. 16*) *aber* Dexamenus.
[6] *Ordne*: **misit famulum nomine Licham, qui Herculi vestem sanguine centauri tinctam ferret**
[7] **Lichas**, -ae *m.*: Lichas (*männl. Eigenname*)
[8] **paulum = paulum sanguinis**
[9] **id** *meint nochmals* **paulum sanguinis**
[10] **attingo 3**, attigi, attactum: berühren
[11] **ac / atque** (*nach* **aliter**): als
[12] **qui**: *ergänze als Bezugswort* **aliquem**
[13] **flagro 1**: brennen
[14] **ardor**, ardoris *m.*: Brand
[15] **extinguo** 3: löschen
[16] **demo** 3: abnehmen: **demere** <vestem>
[17] **viscera**, viscerum *n. Pl.*: Fleischstücke
[18] **roto** 1: rundherum schwingen
[19] **iaculor** 1: schleudern
[20] **Philoctetes**, Philoctetis *m.*: Philoktetes (*männl. Eigenname*)
[21] **Poeas**, Poeantis *m.*: Poeas (*männl. Eigenname*)
[22] **mons Oetaeus**: der Berg Oeta (*Berg auf der Peloponnes*)
[23] **construo 3**, construxi, -structum: errichten
[24] **immortalitatem ascendere**: zur Unsterblichkeit gelangen; **eumque (putant) ascendisse immortalitatem = et putant eum (= Herculem) immortalitatem ascendisse**
[25] **ob factum Herculis**: wegen der Ereignisse rund um Herkules (**Herculis**: *Gen. obj.*)

Dido und Aeneas

Folge des Párisurteils war bekanntlich der Trojanische Krieg, der mit Trojas Zerstörung endete. Der Trojaner Aeneas sammelte daraufhin die Reste seines Volkes und machte sich auf, eine neue Heimat zu finden …

1. Superbi Paridis leve iudicium,
Helenae[1] species amata nimium[2]
fit[3] casus Troïae deponens[4] Ilium.

2. Hinc dolens[5] Aeneas[6] quaerit diffugium[7],
ascendit dubios[8] labores navium,
venit Carthaginem, Didonis solium[9].

3. Hunc regno suscipit Dido Sidonia[10],
et plus, quam decuit[11], amore saucia[12]
moras non patitur iungi conubia[13].

4. O Amor improbe, sic vincis omnia,
sic tuis viribus redduntur mollia,
et morti proxima sunt tua gaudia[14]!

5. Aeneas igitur aegre corripitur[15]
et in Italiam ire praecipitur[16].
Quod amans audiens Dido concutitur[17]:

6. "Aenea domine, quid est, quod audio?
Didonem miseram dabis exitio[18]?
Quam dura[19] praemia pro beneficio!

(Fortsetzung auf Seite 20)

[1] *Helena galt als schönste Frau der Welt, die zwar mit Menelaos, dem König von Sparta, verheiratet war, von Venus aber Páris versprochen wurde. Ihre Entführung führte zum Trojanischen Krieg.*
[2] **nimium** (Adv.): allzu
[3] **fieri** + *doppelter Nom.*: werden zu (*hier im Sinne von*: „mit sich bringen"); *Subj.*: **iudicium** <et> … **species**; *2. Nom.*: **casus**
[4] **depono 3** *hier*: niederwerfen
[5] **doleo 2**: betrübt sein
[6] **Aeneas**, -ae *m. Der Trojaner Aeneas, der für die Reste seines Volkes eine neue Heimat suchte und nach langer Irrfahrt auch in Italien fand, gilt als Ahnherr der Römer.*
[7] **diffugium**, -i *n.*: Entkommen
[8] **dubius**, -a, -um: unsicher; **dubios labores navium = naves laboribus dubias**
[9] **solium = ad solium**
[10] **Sidonius**, -a, -um: aus Sidon (*Stadt in Phönikien, woher Dido stammte*)
[11] **decet 2**, decuit, –: es ist schicklich
[12] **saucius**, -a, -um: verletzt
[13] **conubium**, -i *n.*: Ehe (*hier Pl. = Sg.*); **coniungi coniubia**: *AcI abhängig von* **moras non patitur**
[14] **gaudium**, -i *n.*: Freude
[15] **corripio 3**: losreißen
[16] *Juppiter selbst schickt Merkur, der Aeneas zur Weiterfahrt mahnt.*
[17] **concutio 3**, concussi, -cussum: erschüttern
[18] **exitium**, -i *n.*: Untergang
[19] **durus**, -a, -um: hart

VOCABULARIUM

superbus, -a, -um	stolz
Páris, Páridis *m.*	Páris (*trojanischer Prinz*)
Helena, -ae *f.*	Helena (*weibl. Eigenname*)
species, speciei *f.*	Anblick, Gestalt
amo 1	lieben
casus, casus *m.*	*auch*: Fall
Troia, -ae *f.*	Troja (*Stadt in Kleinasien*)
Ilium, -i *n.*	Ilion (Burg von Troja)
hinc (*Adv.*)	von hier
ascendo 3, ascendi, ascensum	besteigen
Carthago, Carthaginis *f.*	Karthago (*Stadt in Nordafrika*)
Dido, Didonis *f.*	Dido (*Gründerin Karthagos*)
solium, -i *n.*	Thron
suscipio 3, suscepi, -ceptum	auf sich nehmen
amor, amoris *m.*	Liebe
mora, -ae *f.*	Verzögerung
iungo 3, iunxi, iunctum	verbinden
reddo 3, reddidi, redditum + *doppelter Akk.*	machen (zu)
mollis, molle	weich (*hier*: kraftlos)
aegre (*Adv.*)	mit Mühe
praecipio 3, praecepi, -ceptum	unterrichten (*hier*: anweisen)
miser, misera, miserum	unglücklich

Carmina Burana

Als Carmina Burana bezeichnet man eine Sammlung von zumeist lateinischen Gedichten aus dem 12. und 13. Jahrhundert. Benannt ist sie nach ihrem Auffindungsort, dem bayrischen Kloster ***Benediktbeuern****. Sie enthält Liebes- und Trinklieder, Gedichte moralisierenden und zeitkritischen Inhalts, nimmt ihre Stoffe aber auch aus Mythos und Geschichte. Ihre Sprache ist lebendig, die Versmaße mehrheitlich rhythmisch, wenige ihrer Schöpfer (so wie der Archipoeta) tatsächlich auch namentlich bekannt. Berühmt geworden ist vor allem die von* ***Carl Orff*** *vertonte Auswahl der Carmina Burana.*

J. M. W. Turner (1775-1851), Der Untergang des karthagischen Reiches (Ölgemälde, 1817)

7. Nudum exceperam, egentem[1] omnium;
deos offenderat[2] nostrum conubium[3].
Quid agam, nescio[4]; mors est consilium.

8. Anna, quid audio, soror dulcissima[5]?
Iam volant carbasa[6] orā[7] finitimā.
Abrumpe[8] miseram lucem[9] asperrima[10]!"

9. Heu[11]! Dido nobilis spreta[12] relinquitur
atque Laviniae[13] thalamus[14] quaeritur,
et Anna properē[15] pro[16] magā[17] mittitur.

10. "O ensis perfidi[18], fortiter ilia[19]
mea pertransiens[20] deme[21] suspiria[22]!"
Amantes miseri, timete talia!

cB 99a ármat[23] amór Paridém; vult Týndaridém[24], rapit íllam;
rés patet; hóstis adést; pugnátur; moénia cédunt.

cB 99b Praébuit Aéneás et caúsam mórtis et énsem;
ílla suá Didó cóncidit[25] úsa manú.

Didos Tod, Buchillustration, 18. Jhdt.

[1] **egens** (*Gen.*: egentis): bedürftig
[2] **offendo 3**, offendi, -fensum: Anstoß erregen bei
[3] **conubium**, -i *n.*: Ehe
[4] **nescio 4**: nicht wissen
[5] **dulcis**, dulce: süß
[6] **carbasa**, -orum *n. Pl.*: Segel
[7] **orā finitimā = ex orā finitimā**
[8] **abrumpo 3**: vorzeitig beenden; **abrumpe**: *Dido spricht zu sich*!
[9] **lucem = vitam**
[10] **asperrima**: *Nom.*; *übersetze* „voll Trotz"
[11] **heu**: ach
[12] **sperno 3**, sprevi, spretum: verschmähen
[13] **Lavinia**, -ae *f.*: Lavinia (*Tochter des Königs von Latium, Latinus, die Aeneas, in Italien angekommen, heiratet*)
[14] **thalamus**, -i *m.*: Schlafgemach
[15] **properē** (*Adv.*): schleunig
[16] **pro** + *Abl. hier*: um
[17] **maga**, -ae *f.*: Zauberin
[18] **perfidus**, -a, -um: treulos; *zu* **perfidi** *ergänze Gen.* **Aeneae** (*Aeneas hatte Dido sein Schwert als Gastgeschenk gegeben*)
[19] **ilia**, ilium *n. Pl.*: Eingeweide
[20] **pertranseo**, -ire: durchdringen
[21] **demo 3**, dempsi, demptum: wegnehmen
[22] **suspirium**, -i *n.*: Seufzer
[23] **armo 1**: bewaffnen
[24] **Tyndaris**, Tyndaridis *f.*: Tyndareustochter = *Helena*
[25] **concido 3**: fallen

VOCABULARIUM

excipio 3, excepi, exceptum	aufnehmen (*auch*: ausnehmen)	**asper**, aspera, asperum	rau (*hier*: trotzig)
Anna, -ae *f.*	Anna (*weibl. Eigenname*)	**ensis**, ensis *m.*	Schwert
		amo 1	lieben
soror, sororis *f.*	Schwester	**amor**, amoris *m.*	Liebe
volo 1	fliegen	**pateo 2,** patui, –	offen stehen (*auch*: sich erstrecken)
ora, -ae *f.*	Küste		
miser, misera, miserum	unglücklich	**adsum**, -esse, adfui, –	da sein
		praebeo 2	darreichen

ACTIVA ET CONTEMPLATIVA

- Welches Ende nimmt die Liebesgeschichte zwischen Dido und Aeneas? Welches Verhältnis wird in ferner Zukunft zwischen Aeneas' und Didos Nachfahren bestehen (bedenke dabei, dass Aeneas als Stammvater der Römer und Dido als Gründerin Karthagos gilt)? Welche Rolle erhält so die mythologische Geschichte?
- Versucht mehr über die Gründungsgeschichten Roms und Karthagos herauszufinden und präsentiert eure Ergebnisse.
- Karthago war eine phönizische Stadtgründung. Was wisst ihr über das Volk der Phönizier? Sammelt auch dazu Informationen und haltet diese fest (z. B. in Form von Plakaten).

Aeneas und sein Sohn Ascanius vor Dido. Ölgemälde von Giovanni Battista Tiepolo (1696-1770)

Samson und Dalila

Der Israelit Samson hat sich in die schöne Dalila verliebt. Von seinen Feinden, den Philistern, dazu angestiftet, versucht diese dem Geheimnis seiner übernatürlichen Stärke auf die Spur zu kommen. Samson lässt sich dieses aber vorerst nicht entlocken. Er nennt ihr zwar mehrfach Mittel und Wege, wie er seine Kraft verlieren könne, diese erweisen sich aber stets als unwahr. Denn die Festnahme Samsons gelingt nicht. Dalila aber gibt nicht auf…

Cumque molesta[1] ei esset et per multos dies iugiter eum urgeret[2], defecit anima eius et ad[3] mortem usque lassata[4] est. Tunc aperiens ei totum cor suum dixit ad eam: "Novacula[5] numquam ascendit super caput meum, quia nazaraeus[6] consecratus[7] Deo sum de utero matris meae; si rasum[8] fuerit caput meum, recedet[9] a me fortitudo mea, et deficiam eroque ut ceteri homines". Videns illa, quod confessus[10] ei esset omnem animum suum, misit ad principes Philistinorum atque mandavit: "Ascendite adhuc semel, quia nunc mihi aperuit totum cor suum". Qui ascenderunt, assumptā[11] pecuniā, quam promiserant. At illa dormire eum fecit super genua[12] sua vocavitque tonsorem[13] et fecit radere septem crines eius et coepit humiliare[14] eum. Statim enim ab eo fortitudo discessit. Dixitque: "Philistim super te, Samson[15]!". Qui de somno consurgens dixit in animo suo: "Egrediar, sicut ante feci, et me excutiam[16]", nesciens[17], quod Dominus recessisset ab eo. Quem cum apprehendissent[18] Philistim, statim eruerunt[19] oculos eius et duxerunt Gazam vinctum duabus catenis[20] aeneis et clausum[21] in carcere molere[22] fecerunt.

(Fortsetzung auf Seite 24)

1 **molestus**, -a, -m: lästig; *Subjekt ist Dalila*
2 **urgeo 2**: bedrängen
3 **ad mortem usque = usque ad mortem**
4 **lasso 1**: müde machen
5 **novacula**, -ae *f.*: Rasiermesser
6 **nazaraeus**, -i *m.*: Nasiräer (*einer, der durch ein Gelübde an Gott gebunden ist*)
7 **consecro 1**: weihen
8 **rado 3**, rasi, rasum: scheren
9 **recedo 3**: schwinden
10 **confiteor 2**, confessus sum: bekennen
11 **assumo 3**, assumpsi, assumptum: annehmen; **assumptā pecuniā**: *Abl. abs.* (*Subj.*: *Dalila*)
12 **genu**, genus *n.*: Knie
13 **tonsor**, tonsoris *m.*: Barbier
14 **humilio 1**: erniedrigen
15 *ergänze*: **ascenderunt**
16 **excutio 3**: frei machen
17 **nescio 4**: nicht wissen
18 **apprehendo 3**: apprehendi, -prehensum: ergreifen
19 **eruo 3**, erui, erutum: ausstechen
20 **catena**, -ae *f.*: Kette
21 **claudo 3**, clausi, clausum: einschließen
22 **molo 3**: (Korn) mahlen

VOCABULARIUM

iugiter (*Adv.*)	ununterbrochen
deficio 3, defeci, defectum	schwach werden
anima, -ae *f.*	Seele, Leben
tunc (*Adv.*)	dann, damals
aperio 4, aperui, apertum	öffnen
uterus, -i *m.*	Schoß
fortitudo, fortitudinis *f.*	Stärke
semel (*Adv.*)	einmal
promitto 3, promisi, -missum	versprechen
dormio 4	schlafen
voco 1	*auch*: rufen
crinis, crinis *m.*	Haarlocke
statim (*Adv.*)	sofort
somnus, -i *m.*	Schlaf
sicut	so wie
quod	*auch*: dass
Gaza, -ae *f.*	Gaza (*Stadt in Palästina*)
vincio 4, vinxi, vinctum	fesseln
aeneus, -a, -um	aus Bronze
carcer, carceris *m.*	Kerker

Philister

Das Volk unbekannter Herkunft gelangt um 1200 v. Chr. im Zusammenhang mit dem Einbruch der Seevölker aus dem ägäischen Raum nach Ägypten. Nachdem die Philister von Ramses III. zurückgeschlagen worden sind, werden sie in der Küstenebene von Palästina als Militärkolonisten angesiedelt. Ihre Städte Gath, Gaza, Aschdod, Askalon und Ekron bilden einen Fünfstädtebund. Nach dem Rückgang der ägyptischen Macht dringen die Philister nach Osten in das Bergland gegen die dort siedelnden Stämme der Israeliten vor und werden später vorübergehend von David besiegt. Sie bewahren ihre Selbstständigkeit in Grenzkämpfen gegen das Nordreich Israel und werden erst am Ende des 8. Jhdt. v. Chr. von den Assyrern unterworfen.

(aus: *Klio, eine multimediale Weltgeschichte, CD-Rom, Stichwort „Philister"*)

Bibelübersetzungen

Fast alle Bücher des Alten Testaments sind ursprünglich in hebräischer Sprache geschrieben worden. Die älteste und bedeutendste Übersetzung ins Griechische erfolgte im 3. Jhdt. v. Chr. Sie trägt den Namen Septuaginta (= 70), da angeblich 70 (tatsächlich 72) jüdische Gelehrte daran gearbeitet haben. Übersetzungen des Alten und Neuen Testaments ins Lateinische gab es seit dem 2. Jhdt. n. Chr., die bedeutendste wurde unter der Leitung des Gelehrten Hieronymus (ca. 348-420 n. Chr., geb. in Dalmatien) im Auftrag des Papstes Damasus angefertigt („Vulgata"= die „allgemein gebräuchliche" Textausgabe).

Besonderheiten des Bibellatein

- *Hebräische Namen werden oft nicht dekliniert.*
- *Der Pleonasmus (Stilmittel der „Fülle") ist weit verbreitet:* ***ait … dicens*** *(„Er/sie sagt/e, indem er/sie spricht/sprach")*
- *Sätze werden häufig mit* ***et*** *eingeleitet (Bei der Übersetzung weglassen!).*
- *Das Verbum steht am Beginn des Satzes (****et dixit unus …****)*

Iamque capilli[1] eius renasci[2] coeperant, postquam rasi[3] sunt. Principes autem Philistinorum convenerunt in unum, ut immolarent hostias[4] magnificas[5] Dagon[6] deo suo et epularentur[7] dicentes: "Tradidit deus noster in manūs nostras inimicum nostrum Samson". Quem etiam populus videns laudabat[8] deum suum eademque dicebat: "Tradidit deus noster in manūs nostras adversarium nostrum, qui vastavit terram nostram et occīdit plurimos nostrum". Cum enim iam hilariores[9] essent, postulaverunt, ut vocaretur Samson et ante eos luderet[10]. Qui adductus de carcere ludebat[10] ante eos; feceruntque eum stare inter duas columnas. Qui dixit puero tenenti manum suam: "Dimitte me, ut tangam[11] columnas, quibus imminet[12] domus, et recliner[13] super eas et paululum requiescam[14]". Domus autem plena erat virorum ac mulierum; et erant ibi omnes principes Philistinorum, ac de tecto circiter tria milia utriusque sexūs spectabant ludentem[10] Samson. At ille invocavit[15] Dominum dicens: "Domine Deus, memento mei[16]! Et redde mihi tantum[17] hac vice fortitudinem pristinam, Deus, ut ulciscar me de Philistim saltem pro uno duorum luminum meorum!". Et tangens ambas columnas medias, quibus innitebatur[18] domus, obnixusque[19] contra alteram earum dexterā et contra alteram laevā[20] ait: "Moriatur anima mea cum Philistim!". Concussisque[21] fortiter columnis, cécidit domus super omnes principes et ceteram multitudinem, quae ibi erat; multoque[22] plures interfecit moriens, quam ante vivus occíderat.

[1] **capillus**, -i *m.*: Haar
[2] **renascor 3** *hier*: wieder nachwachsen
[3] **rado 3**, rasi, rasum: scheren
[4] **hostia**, -ae *f.*: Opfertier
[5] **magnificus**, -a, -um: prächtig
[6] **Dagon** (*indeklinabel*): Dagon (*fischgestaltige Gottheit*)
[7] **epulor 1**: speisen
[8] **laudo 1**: loben
[9] **hilarus**, -a, -um: fröhlich
[10] **ludo 3**: (den Clown) spielen
[11] **tango 3**: berühren
[12] **immineo 2** + *Dat.*: emporragen über
[13] **reclino 1**: zurücklehnen (*Passiv*; *hier medial*)
[14] **requiesco 3**: ruhen
[15] **invoco 1**: anrufen
[16] **mei** (*Gen. zu* **ego**): meiner (*hier*: an mich)
[17] **tantum hac vice**: nur noch dieses eine Mal
[18] **innitor 3** + *Dat.*: ruhen auf
[19] **obnixus**, -a, -um: entgegengestemmt
[20] **laevus**, -a, -um: links; *zu* **laevā** *ergänze* **manu**
[21] **concutio 3**, concussi, concussum: erschüttern
[22] **multo** + *Komp.*: um vieles

VOCABULARIUM

immolo 1	opfern
adversarius, -i *m.*	Gegner
vasto 1	verwüsten
nostrum (*Gen. Part. zu* **nos**)	von uns
voco 1	*auch*: rufen
carcer, carceris *m.*	Kerker
columna, -ae *f.*	Säule
paululum (*Adv.*)	ein wenig
plenus, -a, -um + *Gen.*	voll von
tectum, -i *n.*	Dach
circiter (*Adv.*)	rund
memini, meminisse + *Gen.* (*Perfekt mit Präsensbed.*)	sich erinnern an
memento (*Imp. II*)	erinnere dich
fortitudo, fortitudinis *f.*	Stärke
ulciscor 3, ultus sum **de** + *Abl.*	sich rächen an
saltem (*Adv.*)	mindestens
lumen, luminis *n.*	Auge (*auch*: Licht)
ambo, ambae, ambo	beide
dexter, dext(e)ra, dext(e)rum	rechts
dext(e)ra, -ae *f.*	rechte Hand
ait/aiunt	er, sie sagt / sie sagen
anima, -ae *f.*	Leben, Seele
plures, plura *m./f./n.*	mehr(ere)

ACTIVA ET CONTEMPLATIVA

- Wodurch verliert Samson seine Kraft? Wann und warum erhält er sie wieder? Wessen Größe zeigt sich eigentlich daran?
- Welche andere Gestalt aus dem Alten Testament hat mit Löwen zu tun? Versuche (vielleicht mit Hilfe des Religionslehrers) mehr darüber in Erfahrung zu bringen.

Samson

Samson (oder Simson) ist eine der großen Heldengestalten aus der Frühzeit Israels. Seine Geschichte wird im Alten Testament im Buch der Richter erzählt, zu denen er gezählt wird. Von Geburt an Gott geweiht und mit übermenschlicher Kraft ausgestattet, vollbringt er seine Taten. Wie Herkules tötet er einen Löwen mit bloßen Händen. Darüber hinaus stößt er immer wieder mit den Philistern zusammen, die zu dieser Zeit die Israeliten beherrschen. Er verwüstet deren Felder, indem er 300 Füchse mit brennenden Schwänzen in diese hineinjagt, mit der Kinnlade eines Esels erschlägt er 1000 (!) Philister, später reißt er die Stadttore von Gaza aus und trägt sie auf einen Berg. Am berühmtesten aber ist die Geschichte seiner Liebe zu Dalila. Ihr Verrat wird ihm zum Verhängnis. Erst im Tod findet er mit Gottes Hilfe zu seiner alten Stärke zurück. Samsons Abenteuer sind beliebtes Thema in der bildenden Kunst geworden. Künstler wie Lukas Cranach, Tintoretto, Rubens, Rembrandt und van Dyck haben sich damit beschäftigt.

Judith und Holofernes (WB[1])

Als der assyrische Feldherr Holofernes zur Zeit Nebukadnezars II. (6. Jhdt. v. Chr.) das jüdische Betulia belagert, beschließt die schöne, kluge und gottesfürchtige Witwe Judith ihre Heimatstadt zu retten. Sie begibt sich mit einer Dienerin ins Lager der Feinde, bietet zum Schein ihre Hilfe an und wird gastlich aufgenommen. Sie darf sich frei bewegen und des Abends sogar das Lager zum Gebet verlassen. Holofernes aber, der schon längst ein Auge auf sie geworfen hat, lädt Judith schließlich zu einem Gastmahl …

Et introiens Iudith[2] discubuit[3]. Et obstupuit[4] cor Holofernis[5] in eam, et **commota** est anima eius, et erat **concupiscens** valde, ut concumberet cum eā; quaerebatque tempus **seducendi** eam ex[6] die, quo viderat illam. Et dixit ad eam Holofernes[5]: "**Bibe** et esto nobiscum in iucunditatem[6]". Et dixit Iudith[2]: "Bibam, domine, quia magnificata[8] est vita mea in me hodie prae omnibus diebus nativitatis[9] meae". Et accipiens **manducavit** et bibit coram illo ea, quae **praeparaverat** ipsi ancilla sua[10]. Et iucundatus[11] est Holofernes[5] de eā et bibit multum vinum, quantum numquam bibit in uno die, ex[6] quo natus est. Et, ut vesper[12]factus est, **festinaverunt** servi eius abire, et Bagoas[13] **conclusit** tabernaculum a foris[14] et dimisit **adstantes** a facie domini sui. Et abierunt omnes in cubilia[15] sua; erant enim omnes **fatigati**, quoniam plurimus factus erat potus. Derelicta est autem sola Iudith[2] in tabernaculo, et Holofernes[5] **prociderat** in lectum suum; **circumfusum** enim erat ei vinum. Et dixit Iudith[2] ancillae suae, ut staret extra cubiculum et observaret exitum eius sicut cotidie; exire enim se dixit ad orationem suam, et Bagoae[13] locuta est secundum verba haec. Discesseruntque omnes a facie, et nemo relictus est in cubiculo eius, a minimo usque ad magnum.

(Fortsetzung auf Seite 28)

Artemisia Gentileschi (1593-1653), Judith und ihre Magd (Ölgemälde, um 1613)

[1] *Schlage die* **fett gedruckten Wörter** *im Wörterbuch nach.*
[2] **Iudith** (indekl.): Judith
[3] **discumbo 3**, discubui, –: sich zu Tisch legen
[4] **obstipesco 3**, obstipui, – **in** + *Akk.*: in Staunen geraten über
[5] **Holofernes**, Holofernis *m.*: Holofernes
[6] **ex** + *Abl. hier*: seit
[7] **iucunditas**, iucunditatis *f.*: Fröhlichkeit
[8] **magnifico 1**: auszeichnen
[9] **nativitas**, nativitatis *f.*: Geburt; **prae omnibus diebus nativitatis meae**: mehr als an allen Tagen seit meiner Geburt
[10] **sua**: *bezogen auf* **Iudith** (**sua** *statt* **eius**)
[11] **iucundo 1**: fröhlich machen
[12] **vesper**, vesperi *m.*: Abend
[13] **Bagoas**, -ae *m.*: Bagoas (*Eunuch des Holofernes*)
[14] **a foris**: von draußen
[15] **cubile**, cubilis *n.*: Bett

VOCABULARIUM

introeo, -ire, introii, -itum	hineingehen
anima, -ae *f.*	Seele, Leben
valde (*Adv.*)	sehr
concumbo 3, concubui, -cubitum	schlafen mit
esto / estote (*Imperativ II*)	sei / seid
prae + *Abl.*	vor
coram + *Abl.*	in Anwesenheit von
ancilla, -ae *f.*	Magd
abeo, -ire, abii, abitum	weggehen
tabernaculum, -i *n.*	Zelt
facies, faciei *f.*	Anblick (*auch*: Gestalt)
potus, potus *m.*	Trinken (*auch*: Trank)
derelinquo 3, dereliqui, -relictum	völlig verlassen
lectus, -i *m.*	Bett
extra + *Akk.*	außerhalb
cubiculum, -i *n.*	Schlafgemach
observo 1	*auch*: beobachten
sicut	so wie
cotidie (*Adv.*)	täglich
oratio, orationis *f.*	Gebet (*auch*: Rede)
secundum + *Akk.*	gemäß
verbum, -i *n.*	Wort

ACTIVA ET CONTEMPLATIVA

Bestimme folgende Verbalformen aus dem Text auf S. 26 und 28, gib mit Hilfe des Wörterbuchs Stammformen an und wähle eine passende Bedeutung:

	Verbalform	Stammformen	Bedeutung
commota	PPP Nom.Sg.*f.*	**commoveo 2**, -movi, -motum	erregen
concupiscens			
seducendi			
bibe			
manducavit			
praeparaverat			
festinaverunt			
conclusit			
adstantes			
fatigati			
prociderat			
circumfusum			
exaltetur			
insurrexerunt			
abstulit			
volutavit			
custodiebant			

Et stans Iudith[1] ad caput eius dixit: "Domine, Domine, Deus virtutum, respice in hāc horā ad opera manuum mearum, ut **exaltetur** Hierusalem, quia nunc est tempus, ut suscipias hereditatem[2] tuam et facias cogitationem[3] meam in quassationem[4] inimicorum, qui **insurrexerunt** super nos". Et accedens ad columnam lectūs[5], quae erat ad caput Holofernis[6], deposuit pugionem[7] illius ab illā[8]. Et accedens ad lectum comprehendit comam[9] capitis eius et dixit: "Deus Israel, confirma me, Domine, Deus Israel, in hōc die!" Et percussit in cervicem[10] eius bis in[11] virtute suā et **abstulit** caput eius ab eo. Et **volutavit** corpus eius a toro[12] et abstulit conopeum[13] eius a columnis; et post pusillum[14] exiit et tradidit abrae[15] suae caput Holofernis[6], et misit illud in peram[16] escarum[17] suarum. Et exierunt ambae simul secundum consuetudinem suam quasi ad orationem. Transeuntesque castra gyraverunt[18] totam vallem illam et subascenderunt[19] montem Betuliae[20] et venerunt ad portas eius. Et dixit Iudith[1] a longē[21] eis, qui **custodiebant** in portis: "Aperite, aperite portam! Nobiscum est Deus, Deus noster, ut faciat[22] adhuc virtutem in Israel et potentiam adversus inimicos nostros, sicut et[23] hodie fecit".

Nach dem Tode ihres Feldherrn bricht unter den Assyrern Panik aus, sie fliehen und werden von den Israeliten verfolgt und großteils niedergemacht. Judith aber wird im ganzen Land hoch geehrt und stirbt schließlich hochbetagt als angesehene Frau in ihrer Heimatstadt.

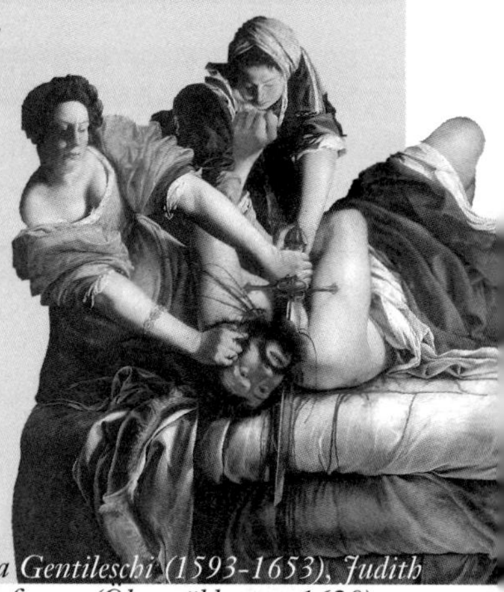

Artemisia Gentileschi (1593-1653), Judith tötet Holofernes (Ölgemälde, um 1620)

[1] **Iudith** (*indekl.*): Judith
[2] **hereditas**, hereditatis *f.*: Erbe
[3] **cogitatio**, cogitationis *f.*: Denken; **cogitationem facere in** + *Akk.*: die Gedanken lenken auf
[4] **quassatio**, quassationis *f.*: Erschütterung
[5] **lectūs = lecti**
[6] **Holofernes**, Holofernis *m.*: Holofernes
[7] **pugio**, pugionis *m.*: Dolch
[8] **ab illā**: von dort
[9] **coma**, -ae *f.*: Haar
[10] **cervix**, cervicis *f.*: Nacken
[11] **in** + *Abl.*: *hier statt Abl. instrumenti*
[12] **torus**, -i *m.*: Lager
[13] **conopeum**, -i *n.*: Mückennetz
[14] **post pusillum** (**tempus**): nach kurzer Zeit
[15] **abra**, abrae *f.*: Dienerin
[16] **pera**, -ae *f.*: Sack
[17] **esca**, -ae *f.*: Speise
[18] **gyro 1**: umgehen
[19] **subascendo 3**, subascendi, -ascensum: heimlich emporsteigen
[20] **Betulia**, -ae *f.*: Betulia (*Judiths Heimatstadt*)
[21] **a longē**: von weitem
[22] **facio 3** *hier*: verleihen; *ergänze*: **nobis**
[23] **et = etiam**

VOCABULARIUM

respicio 3, -spexi, -spectum	blicken auf
Hierusalem (*indekl.*)	Jerusalem
suscipio 3, -cepi, -ceptum	auf sich nehmen
columna, -ae *f.*	*hier*: Pfosten
depono 3, deposui, -situm	weglegen
comprehendo 3, comprehendi, -prehensum	ergreifen
confirmo 1	*auch*: bestärken
bis (*Adv.*)	zwei Mal
ambo, ambae, ambo	beide
simul (*Adv.*)	zugleich
secundum + *Akk.*	gemäß
consuetudo, consuetudinis *f.*	Gewohnheit
oratio, orationis *f.*	Gebet
vallis, vallis *f.*	Tal
aperio 4, aperui, apertum	öffnen
potentia, -ae *f.*	Macht
sicut	so wie

Cristoforo Allori (1577-1621), Judith, Ölgemälde.

David und Goliath

David besucht seine Brüder, die unter König Saul gegen die Philister kämpfen.

Cumque adhuc ille loqueretur, eis apparuit vir ille spurius[1] ascendens Goliath[2] nomine Philistheus de Geth[3] ex castris Philisthinorum, et loquente eo haec eadem[4] verba audivit David. Omnes autem Israhelitae[5] cum vidissent virum, fugerunt a facie eius timentes eum valde, et dixit unus quispiam[6] de Israhel: “Num vidisti virum hunc, qui ascendit? Ad exprobrandum[7] enim Israheli ascendit. Virum ergo, qui percusserit eum, ditabit[8] rex divitiis[9] magnis et filiam suam dabit ei et domum patris eius faciet absque tributo[10] in Israhel.” Et ait David ad viros, qui stabant secum, dicens: “Quid dabitur viro, qui percusserit Philistheum hunc et tulerit obprobrium de Israhel? Quis est enim hic Philistheus incircumcisus[11], qui exprobravit[7] aciēs Dei viventis?” Referebat[12] autem ei populus eundem sermonem dicens: “Haec dabuntur viro, qui percusserit eum.” Quod cum audisset[13] Heliab[14], frater eius maior, loquente eo cum aliis, iratus est contra David et ait: “Quare venisti et quare dereliquisti pauculas[15] oves illas in deserto[16]? Ego novi[17] superbiam[18] tuam et nequitiam[19] cordis tui, quia, ut videres proelium, descendisti!”

(Fortsetzung auf Seite 32)

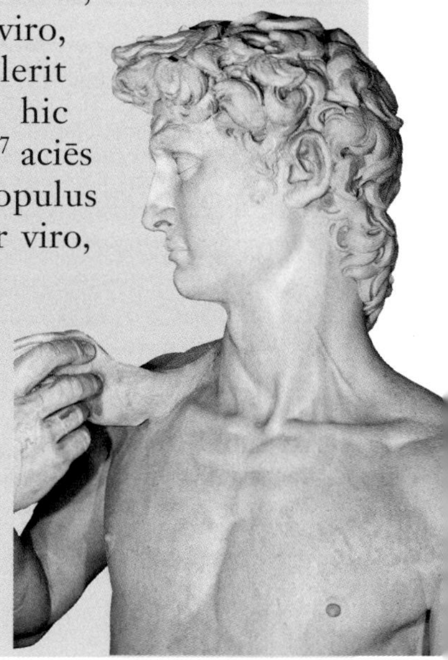

[1] **spurius**, -a, -um: von niedriger Herkunft; uneheliches Kind
[2] **Goliath** (*indeklinabel*): Goliath (*männl. Eigenname*)
[3] **Geth** (*indeklinabel*): Geth / Gath (*Stadt der Philister*)
[4] *Goliath suchte seit 40 Tagen einen Kandidaten für einen Zweikampf.*
[5] **Israhelitae**, -arum *m. Pl.*: die Israeliten
[6] **unus quispiam** (*Gen.*: unius cuiuspiam): jemand
[7] **exprobro 1**: beschimpfen, beleidigen
[8] **dito 1**: reich machen, beschenken
[9] **divitiae**, -arum *f. Pl.*: Schätze, Reichtümer
[10] **tributum**, -i *n.*: Steuer, Abgabe
[11] **incircumcisus**, -a, -um: nicht beschnitten
[12] **refero**, -fers, -ferre, rettuli, -latum: berichten
[13] **audisset = audivisset**
[14] **Heliab** (*indeklinabel*): Heliab (*männl. Eigenname*)
[15] **pauculi**, -ae, -a: wenige
[16] **desertum**, -i *n.*: Wüste
[17] **novi**, novisse (*Perfektstamm mit Präsensbedeutung*): kennen
[18] **superbia**, -ae *f.*: Übermut
[19] **nequitia**, -ae *f.*: Nichtsnutzigkeit

VOCABULARIUM

appareo 2, apparui, –	sich zeigen
verbum, -i *n.*	Wort
facies, faciei *f.*	Gesicht, Aussehen
valde (*Adv.*)	sehr
num (*im direkten Fragesatz*)	etwa?
ergo	also
absque (+ *Abl.*)	ohne
ait	er, sie sagt
obprobrium, -i *n.*	Schande
sermo, sermonis *m.*	Rede(weise)
irascor 3, iratus sum	zornig werden
derelinquo 3, -reliqui, -relictum	zurücklassen
ovis, ovis *f.*	Schaf
descendo 3, descendi, -scensum	heruntersteigen

Bibellatein: Weitere Unterschiede zum klassischen Latein

- ***ille, ipse als Subjekt / Objekt*** *stehen für „is" (Personalpronomen).*
- ***ille als Attribut*** *(ille vir) wird einfach als Artikel übersetzt. Im späten Latein beginnt eine Entwicklung, die mit der Entstehung der romanischen Sprachen endet: il-le, il-la, il-lo, il-las, il-los … werden im Italienischen, Französischen, Spanischen usw. zu den noch heute gebräuchlichen Artikeln, nur die Form des Neutrums verschwindet.*

Goliath: Riese oder Bastard?

Wir kennen die Geschichte von David und Goliath als einen Kampf zwischen einem ganz jungen Mann und einem Riesen. Im hebräischen Text wird Goliath als „habbenayim" („Mittelsmann", der zwischen beiden Heeren zum Zweikampf antritt) bezeichnet. Die syrische Version der Geschichte nennt Goliath „ganbar", was unserem „Helden" entspricht, aber auch „gigantisch" bedeuten kann.
Davon unterscheidet sich der Text der Vulgata mit „spurius" („Bastard"): Vielleicht hat der Übersetzer Hieronymus das Wort vom hebräischen „ben" („Sohn") abgeleitet und ihm eine negative Deutung gegeben. So leicht kann ein Riese zu einem Bastard werden.
Übrigens haben die Philister, auf lange Sicht gesehen, doch gesiegt, und zwar haben sie dem Land ihren Namen gegeben: Aus dem hebräischen Wort ***plishtim*** *(die Philister) wurde schließlich „Palästina", das „Land der Philister".*

Michelangelo Buonarotti (1475-1564), David (Marmorskulptur, 1501)

David erreicht von König Saul, dass er mit dem Philister kämpfen darf …

Et induit Saul David vestimentis suis et inposuit[1] galeam aeneam super caput eius et vestivit[2] eum loricā[3]. Accinctus[4] ergo David gladio eius super veste suā coepit temptare[5], si armatus posset incedere. Non enim habebat consuetudinem. Dixitque David ad Saul: “Non possum sic incedere, quia nec usum habeo!” Et deposuit ea et tulit baculum[6] suum, quem semper habebat in manibus, et elegit sibi quinque limpidissimos[7] lapides de torrente[8] et misit eos in peram[9] pastoralem, quam habebat secum, et fundam[10] manu tulit et processit adversum Philistheum. Ibat autem Philistheus incedens et adpropinquans adversum David et armiger[11] eius ante eum cumque inspexisset[12] Philistheus et vidisset David, despexit eum. Erat enim adulescens rufus et pulcher aspectu[13]. Et dixit Philistheus ad David: “Numquid ego canis sum, quod tu venis ad me cum baculo?” Et maledixit[14] Philistheus David in diis suis dixitque ad David: “Veni ad me et dabo carnes tuas volatilibus[15] caeli et bestiis terrae!” Dixit autem David ad Philistheum: “Tu venis ad me cum gladio et hastā et clypeo[16], ego autem venio ad te in nomine Domini exercituum, Dei agminum Israhel, quibus exprobrasti[17] hodie, et dabit te Dominus in manu meā et percutiam te et auferam[18] caput tuum a te et dabo cadaver[19] castrorum Philisthim hodie volatilibus caeli et bestiis terrae, ut sciat omnis terra, quia est Deus in Israhel. Et noverit[20] universa ecclesia haec, quia non in gladio nec in hastā salvat[21] Dominus. Ipsius est enim bellum et tradet vos in manūs nostras.” Cum ergo surrexisset Philistheus et veniret et adpropinquaret contra David, festinavit[22] David et cucurrit[23] ad pugnam ex adverso Philisthei.

(Fortsetzung auf Seite 34)

1 **inpono 3**, inposui, -positum: legen auf
2 **vestio 4**: bekleiden
3 **lorica**, -ae *f.*: Panzer
4 **accinctus**, -a, -um: umgürtet
5 **tempto 1**: versuchen
6 **baculus**, -i *m.*: Stab
7 **limpidus**, -a, -um: hell
8 **torrens**, torrentis *m.*: Bach
9 **pera pastoralis** (*Gen.*: perae pastoralis) *f.*: Hirtensack
10 **funda**, -ae *f.*: Schleuder(riemen)
11 **armiger**, armigeri *m.*: Waffenträger
12 **inspicio 3**, -spexi, -spectum: erblicken
13 **pulcher aspectu**: schön anzuschauen
14 **maledico 3**, -dixi, -dictum: beschimpfen
15 **volatilis**, volatilis *f.*: Vogel
16 **clypeus**, -i *m.*: Schild
17 **exprobro 1** (*hier* + *Dat.*): verhöhnen; **exprobrasti = exprobravisti**
18 **aufero**, -fers, -ferre: wegnehmen, abnehmen
19 **cadaver castrorum**: *übersetze* „was von den Lagern übrig bleibt“
20 **noverit** (*Konj.*): er / sie soll wissen
21 **salvo 1**: retten
22 **festino 1**: sich beeilen
23 **curro 3**, cucurri, cursum: laufen

VOCABULARIUM

induo 3, indui, -dutum	bekleiden
vestimentum, -i *n.*	Kleidung(sstück)
galea, -ae *f.*	Helm
aeneus, -a, -um	aus Bronze
ergo	also
vestis, vestis *f.*	Kleidung
si	ob
incedo 3, incessi, -cessum	(einher)gehen
consuetudo, consuetudinis *f.*	Gewohnheit
depono 3, deposui, -situm	*auch*: weglegen
eligo 3, elegi, electum	(aus-)wählen
lapis, lapidis *m.*	Stein
despicio 3, despexi, -spectum	herabblicken auf jemanden
rufus, -a, -um	rothaarig
aspicio 3, aspexi, aspectum	erblicken
numquid	etwa?
canis, canis *m./f.*	Hund
caro, carnis *f.*	Fleisch
bestia, -ae *f.*	(wildes) Tier
hasta, -ae *f.*	Lanze
quia	*auch*: dass
ecclesia, -ae *f.*	Volksversammlung
cadaver, cadaveris *n.*	Leichnam, Aas
ex adverso	gegenüber

ACTIVA ET CONTEMPLATIVA

- David wird von Saul zum Kampf gerüstet. Wie ändert sich plötzlich der Ablauf des Rüstens?
- Liste auf, wie die beiden Gegner einander einzuschüchtern versuchen. Wer hat die stärkeren Argumente? Wer ist rhetorisch eindrucksvoller?

Sprachliche Besonderheit des späten Latein

Auf die Frage WOHIN? erwartet man *in + Akkusativ*. Im späten Latein tritt eine **Rektionsvertauschung** ein, d. h. die Richtung wird manchmal durch *in + Ablativ* ausgedrückt: dabit dominus te **in manu meā** („Gott wird dich in meine Hand geben")

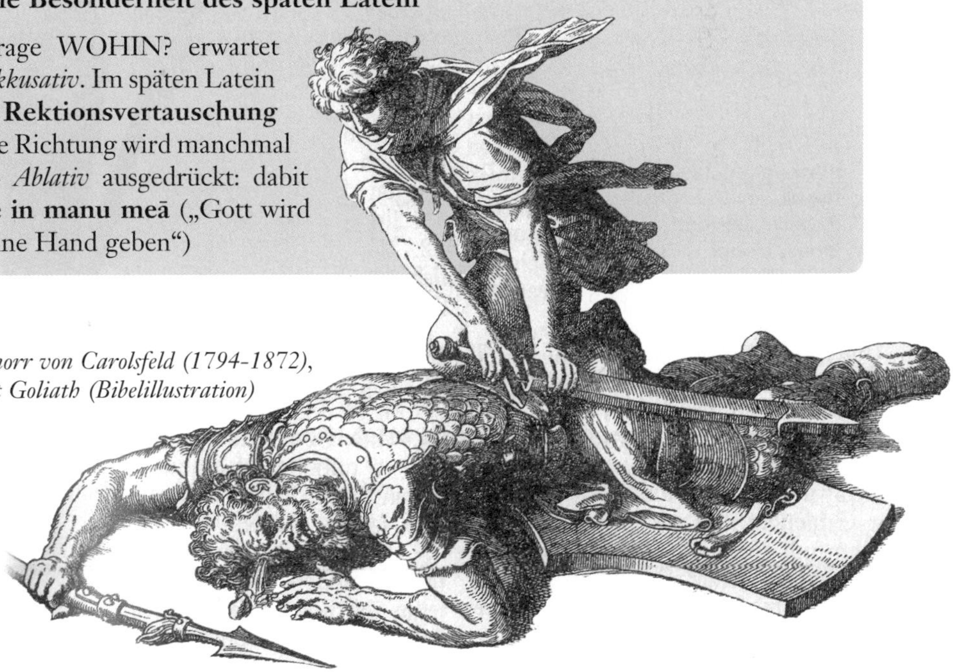

Julius Schnorr von Carolsfeld (1794-1872), David tötet Goliath (Bibelillustration)

...und triumphiert ...

Et misit manum suam in peram[1] tulitque unum lapidem et fundā[2] iecit[3] et percussit Philistheum in fronte[4], et infixus[5] est lapis in fronte eius, et cecidit in faciem suam super terram. Praevaluitque[6] David adversus Philistheum in fundā et in lapide percussumque Philistheum interfecit. Cumque gladium non haberet in manu David, cucurrit[7] et stetit super Philistheum et tulit gladium eius et eduxit[8] de vaginā[9] suā et interfecit eum praeciditque[10] caput eius. Videntes autem Philisthim, quod mortuus esset fortissimus eorum, fugerunt. Et consurgentes viri Israhel et Iudā[11] vociferati[12] sunt et persecuti Philistheos, usque dum venirent in vallem et usque ad portas Accaron[13], cecideruntque vulnerati de Philisthim in via Sarim[14] usque ad Geth[15] et usque Accaron. Et revertentes filii Israhel postquam persecuti fuerant Philistheos, invaserunt[16] castra eorum. Adsumens[17] autem David caput Philisthei, adtulit illud in Hierusalem, arma vero eius posuit in tabernaculo suo.

Donatello (1386-1466), David (Bronzestatue, um 1430)

[1] **pera**, -ae *f.*: Tasche, Sack
[2] **funda**, -ae *f.*: Schleuder(riemen)
[3] *Ergänze*: **lapidem**
[4] **frons**, frontis *f.*: Stirn
[5] **infigo 3**, infixi, -fixum (*Passiv*): sich hineinbohren
[6] **praevaleo 2**, -ui, –: stärker sein als
[7] **curro 3**, cucurri, cursum: laufen
[8] **educo 3**, eduxi, eductum: herausziehen
[9] **vagina**, -ae *f.*: Scheide
[10] **praecīdo 3**, praecīdi, -cīsum: abschlagen
[11] **Iuda**, -ae *f.*: der Stamm Juda (*um Bethlehem beheimatet*)
[12] **vociferor 1** (*verbum deponens*): schreien
[13] **Accaron** (*indekl.*): die Stadt Akkon
[14] **Sarim** (*indekl.*): Sarim (*Philisterstadt*)
[15] **Geth** (*indekl.*): Geth (*Stadt der Philister*)
[16] **invado 3**, invasi, -vasum: eindringen in
[17] **adsumo = sumo**

VOCABULARIUM

lapis, lapidis *m.*	Stein
iacio 3, ieci, iactum	werfen
facies, faciei *f.*	Gesicht
quod	*auch*: dass
persequor 3, persecutus sum	verfolgen
usque dum	solange bis
vallis, vallis *f.*	Tal
via, viae *f.*	Weg
Hierusalem (*indekl.*)	Jerusalem
tabernaculum, -i *n.*	Zelt

ACTIVA ET CONTEMPLATIVA

- Der Kampf wird sehr ausführlich geschildert, auch die Folge davon. Wenn ihr nun auch den letzten Teil in Szenen gliedert, könnt ihr ein Comic zeichnen – für die Sprechblasen könnt ihr ja aus dem Text zitieren!
- Was für Typen sind Saul, Davids großer Bruder, Goliath, David? Charakterisiert sie mit wenigen Worten. Was sind ihre Stärken, ihre Schwächen?
- Wofür sind David und Goliath Sinnbilder geworden?
- Versetzt die Geschichte in eine andere Zeit / in eine andere Gegend. Wie könnten David und Goliath heute aussehen und handeln? Vielleicht zeichnet ihr auch den Kampf...
- Gestaltet eine Live-Reportage vom Ort des Geschehens.
- Findet eine Überschrift / eine Schlagzeile für diese Geschichte.
- Gestaltet ein Logo mit Davids Steinschleuder.
- **Lebendiges Latein**: Mit welchen lateinischen Wörtern bringt ihr folgende Begriffe in Zusammenhang: **Fassade**, **Tabernakel**, **Bestie**, **verbal**, **oral**, **resistent**, **Aspekt**?

Andrea Verocchio (1435-1488), David (Bronzestatue, um 1465)

David wurde Sauls Nachfolger als König und führte noch viele Kriege. Auch sein Sohn ***Salomon*** *(„Friede“) war ein bedeutender Herrscher.*

Romulus und Remus

Post multos deinde huius urbis[1] reges ad postremum[2] Numitor[3] et Amulius[4] regno potiti sunt. Sed Amulius cum vi aetate potiorem[5] Numitorem oppressisset, filiam eius Ream[6] in perpetuam[7] virginitatem[8], ne quis vindex[9] regni virilis sexūs ex gente Numitoris oriretur, demersit[10], additā iniuriae specie honoris, ut non damnata[11], sed sacerdos electa videretur. Igitur clausa[12] in luco Marti sacro duos pueros, incertum[13] stupro[14] an ex Marte conceptos, enixa[15] est. Quo cognito, Amulius, multiplicato[16] metu proventu duorum, pueros exponi iubet et puellam vinculis[17] onerat[18], ex quorum iniuriā decessit[19]. Sed fortuna origini[20] Romanae prospiciens[21] pueros lupae[22] alendos obtulit, quae amissis catulis[23] distenta[24] ubera[25] exinanire[26] cupiens nutricem se infantibus praebuit. Cum saepius ad parvulos[27] veluti ad catulos reverteretur, rem Faustulus[28] pastor animadvertit subtractosque[29] ferae inter greges pecorum agresti[30] vitā nutrivit[31]. Martios[32] pueros fuisse, sive quod in luco Martis enixi[33] sunt sive quod a lupā, quae in tutelā[34] Martis est, nutriti, veluti manifestis[35] argumentis[36] creditum[37]. Nomina pueris alteri Remo, alteri Romulo fuēre[38].

(Fortsetzung auf Seite 38)

[1] **haec urbs**: *gemeint ist die Stadt* Alba Longa.
[2] **ad postremum**: zuletzt
[3] **Numitor**, Numitoris *m.*: Numitor (*König*)
[4] **Amulius**, -i *m.*: Amulius (*König*)
[5] **potior** (*Gen.*: potioris): überlegen
[6] **Rea**, -ae *f.*: Rhea Silvia (*Vestalin*)
[7] **perpetuus**, -a, -um: ewig
[8] **virginitas**, virginitatis *f.*: Jungfräulichkeit
[9] **vindex**, vindicis *m.*: Rächer
[10] **demergo 3**, demersi: versenken
[11] **damno 1**: verurteilen
[12] **claudo 3**, clausi, clausum: einschließen
[13] **incertum**: unsicher, ob
[14] **stuprum**, -i *n.*: außereheliches Verhältnis
[15] **enitor 3**, enixa sum: gebären
[16] **multiplico 1**: vervielfachen
[17] **vinculum**, -i *n.*: Fessel
[18] **onero 1**: beschweren
[19] **decedo 3**, decessi: sterben
[20] **origo**, originis *f.*: Ursprung, Anfang
[21] **prospicio 3** (+ *Dativ*): vorsorgen für
[22] **lupa**, -ae *f.*: Wölfin
[23] **catulus**, -i *m.*: Welpe
[24] **distentus**, -a, -um: voll gefüllt
[25] **ubera**, uberum *n. Pl.*: Zitzen
[26] **exinanio 4**: ausleeren
[27] **parvulus**, -a, -um: sehr klein
[28] **Faustulus**, -i *m.*: Faustulus (*ein Hirte*)
[29] **subtraho 3**, -traxi, -tractum: entfernen
[30] **agrestis**, -e: ländlich
[31] **nutrio 4**: ernähren
[32] **Martius**, -a, -um: des Mars
[33] *Siehe Fn. 15, aber hier passiv!*
[34] **tutela**, -ae *f.*: Schutz
[35] **manifestus**, -a, -um: deutlich
[36] **argumentum**, -i *n.*: Beweis
[37] *Ergänze*: **est**
[38] **fuēre = fuerunt**

VOCABULARIUM

aetas, aetatis *f.*	Alter
opprimo 3, oppressi, -pressum	überwältigen
virilis, -e	männlich
orior, -eris, oriri, ortus sum	abstammen
addo 3, addidi, -ditum	hinzufügen
species, speciei *f.*	Anschein
sacerdos, sacerdotis *m./f.*	Priester/in
eligo 3, elegi, electum	(aus)erwählen
lucus, -i *m.*	Hain
sacer, -ra, -rum	heilig
an	oder (*auch*: ob)
concipio 3, concepi, -ceptum	empfangen
proventus, proventus *m.*	Zuwachs
expono 3, exposui, -positum	aussetzen
puella, -ae *f.*	Mädchen
fortuna, -ae *f.*	Schicksal
cupio 3, cupivi, cupitum	wünschen
nutrix, nutricis *f.*	Amme
infans, infantis *m.*	Kleinkind
praebeo 2, -ui, -itum	erweisen
velut(i)	wie
pastor, pastoris *m.*	Hirte
fera, -ae *f.*	(wildes) Tier
grex, gregis *m.*	Herde
sive – sive	entweder – oder

*Peter Paul Rubens (1577-1640), Romulus und Remus (Ölgemälde, um 1615).
Das Bild stellt den Augenblick der Auffindung von Romulus und Remus durch den Hirten Faustulus dar. Verborgen beobachten die Mutter Rhea Silvia und der Flussgott Tiber die Szene.*

Pietro da Cortona (1596-1669), Die Auffindung von Romulus und Remus durch Faustulus, Ölgemälde (um 1643)

Adultis[1] inter pastores de virtute cotidiana certamina et vires et pernicitatem[2] auxēre[3]. Igitur cum latrones[4] a rapinā[5] pecorum industrie[6] frequenterque[7] submoverent[8], Remus ab isdem latronibus captus et, velut ipse esset, quod[9] in[10] aliis prohibebat, regi offertur; crimini[11] datur, quasi greges Numitoris infestare[12] solitus esset. Tunc a rege Numitori in ultionem[13] traditur. Sed Numitor adulescentiā[14] iuvenis permotus et in suspicionem expositi nepotis[15] adductus[16]. Cum eum nunc liniamentorum[17] filiae similitudo, nunc aetas expositionis[18] temporibus congruens[19] anxium[20] tenerent, repente Faustulus cum Romulo supervenit[21]; a quo origine[22] cognitā puerorum, factā conspiratione[23] et adulescentes in ultionem[13] maternae[24] necis[25] et Numitor in vindictam[26] erepti[27] regni armantur[28]. Occiso Amulio regnum Numitori restituitur et urbs Romana ab adulescentibus conditur.

[1] **adultus**, -a, -um: erwachsen; *ordne*: **cotidiana certamina inter pastores de virtute adultis (= Romulo et Remo) et vires et pernicitatem auxere**
[2] **pernicitas**, pernicitatis *f.*: Flinkheit
[3] **auxēre = auxerunt**
[4] **latro**, latronis *m.*: Räuber
[5] **rapina**, -ae *f.*: Raub
[6] **industrius**, -a, -um: eifrig
[7] **frequens** (*Gen.*: frequentis): häufig
[8] **submoveo 2**, -movi, -motum: fernhalten; *Subjekt*: **Romulus et Remus**
[9] **quod**: was
[10] **in aliis**: bei anderen Leuten
[11] **crimini dare**: zum Vorwurf machen
[12] **infesto 1**: angreifen
[13] **ultio**, ultionis *f.*: Bestrafung
[14] **adulescentia**, -ae *f.*: jugendliches Alter
[15] **nepos**, nepotis *m.*: Enkel; **suspicio expositi nepotis**: Verdacht, dass der Enkel …
[16] *Ergänze*: **erat**
[17] **liniamentum**, -i *n.*: Gesichtszug
[18] **expositio**, expositionis *f.*: Aussetzung
[19] **congruo 3**: entsprechen
[20] **anxius**, -a, -um: besorgt
[21] **supervenio 4**: dazukommen
[22] **origo**, originis *f.*: Herkunft
[23] **conspiratio**, conspirationis *f.*: Verschwörung
[24] **maternus**, -a, -um: der Mutter
[25] **nex**, necis *f.* **= mors**
[26] **vindicta**, -ae *f.*: Beanspruchung; **in vindictam** *verbal auflösen* („um … zu beanspruchen“)
[27] **eripio 3**, eripui, ereptum: rauben
[28] **armo 1**: *passiv*: sich rüsten

VOCABULARIUM

pastor, pastoris *m.*	Hirte	**iuvenis**, iuvenis *m.*	junger Mann
cotidianus, -a, -um	täglich	**suspicio**, suspicionis *f.*	Verdacht
certamen, certaminis *n.*	Kampf	**expono 3**, exposui, -situm	aussetzen
velut(i)	wie (*hier*: als ob)	**similitudo**, similitudinis *f.*	Ähnlichkeit
quasi + *Konj.*	als ob	**aetas**, aetatis *f.*	Alter
grex, gregis *m.*	Herde	**condo 3**, condidi, -ditum	gründen
tunc (Adv.)	dann, damals		
permoveo 2, permovi, -motum	bewegen		

ACTIVA ET CONTEMPLATIVA

Auf dem **Palatin**, einem der sieben Hügel des späteren Rom, soll Romulus seine neue Stadt gegründet haben.

- Informiere dich näher über Ereignisse bei der Gründung der Stadt und über das Verhältnis der Zwillingsbrüder zu einander.
- Die Wölfin, die Romulus und Remus säugte und damit rettete, ist noch immer ein Symbol der Stadt Rom. Oft ist sie auch Gegenstand von Karikaturen. Sammelt solche Abbildungen (auch im Internet) und versucht selbst, welche zu erstellen.
- In welchen Sagen und Märchen spielen Tiere auch bei uns eine tragende Rolle? Warum hatten sie eurer Meinung nach eine so wichtige Bedeutung?
- Gibt es Orte, die nach Tieren benannt sind? Denkt über den Ursprung der Namensgebung nach.
- Tiere im Mythos: Schlagt nach bei Herkules, aber auch bei anderen.
- Fabeltiere: Was ist ihr spezielles Kennzeichen?

Römische Wölfin (Lupa Capitolina), Bronze, etruskisch, 5. Jhdt. v. Chr.

Semiramis

Als Ninus, der König der Assyrer, stirbt, hinterlässt er seine Gattin Semiramis und einen kleinen Sohn[1]...

Haec[2] neque inmaturo[3] puero ausa tradere imperium neque ipsa palam tractare[4], (...) simulat se pro[5] uxore Nini[6] filium, pro[5] feminā puerum. (...) Igitur bracchia[7] et crura[8] velamentis[9], caput tiarā[10] tegit[11]; et, ne novo habitu aliquid occultare videretur, eodem ornatu et[12] populum vestiri[13] iubet: Quem morem vestis exinde[14] gens universa habet. Sic primis initiis sexum mentita[15], puer esse credita est. Magnas deinde rēs gessit. Quarum amplitudine[16] ubi invidiam superatam putat, quae sit, fatetur[17]. (...) Nec hoc illi dignitatem regni ademit[18], sed admirationem[19] auxit, quod mulier non feminas modo virtute, sed etiam viros anteiret. Haec Babyloniam[20] condidit murumque[21] urbi cocto[22] latere circumdedit[23], harenae[24] vice bitumine[25] interstrato[26]. (...) Multa et alia praeclara[27] huius reginae fuēre[28]. (...) Et[12] Indis[29] bellum intulit, quo praeter illam et Alexandrum Magnum nemo intravit. Ad[30] postremum, cum concubitum filii petisset[31], ab eodem interfecta est, duos et quadraginta annos post Ninum[6] regno potita.

[1] *Der Text stammt aus M. Iunianus Iustinus, Epitoma historiarum Philippicarum Pompei Trogi (Teubner, Leipzig 1886)*
[2] **haec = Semiramis**
[3] **inmaturus**, -a, -um: unreif
[4] **tracto 1**: antreten; **neque ipsa <ausa imperium> palam** („öffentlich") **tractare**
[5] **pro** + *Abl. hier*: anstelle von; **simulat se pro uxore Nini filium (esse)**
[6] **Ninus**, -i *m.*: Ninus (*der tote Assyrerkönig*)
[7] **bracchium**, -i *n.*: Arm
[8] **crus**, cruris *n.*: Bein
[9] **velamentum**, -i *n.*: Gewand
[10] **tiara**, -ae *f.*: Turban
[11] **tego** 3: bedecken
[12] **et = etiam**
[13] **vestio 4**: bekleiden
[14] **exinde** (*Adv.*): von da an
[15] **mentior 4** + *Akk.*: lügen hinsichtlich etwas
[16] **amplitudo**, amplitudinis *f.*: Berühmtheit
[17] **fateor 2**: zugeben; **quae sit = quis sit**
[18] **adimo 3**, ademi, ademptum: wegnehmen; *Subj. zu* **ademit = hoc**
[19] **admiratio**, admirationis *f.*: Bewunderung
[20] **Babylonia**, -ae *f.*: Babylon (*Stadt in Mesopotamien*)
[21] **murus**, -i *m.*: Mauer
[22] **cocto latere**: aus Backstein
[23] **circumdo 1**, circumdedi, -datum: herumgeben
[24] **harena**, -ae *f.*: Sand
[25] **bitumen**, bituminis *n.*: Asphalt.
[26] **intersterno** 3, interstravi, -stratum: dazwischenstreuen
[27] **praeclarus**, -a, -um: ausgezeichnet
[28] **fuēre = fuerunt**
[29] **Indus**, -i *m.*: Inder
[30] **ad postremum = postremo**
[31] **petisset = petivisset**

VOCABULARIUM

simulo 1 – vortäuschen
femina, -ae *f.* – Frau
tego 3, texi, tectum – bedecken
habitus, habitus *m.* – das Äußere
ornatus, ornatus *m.* – Schmuck
vestis, vestis *f.* – Kleidung
dignitas, dignitatis *f.* – Würde
non modo – nicht nur
virtus, virtutis *f.* – Tüchtigkeit
anteeo, -ire, anteii, – – übertreffen
condo 3, condidi, -ditum – gründen
vice + *Gen.* (*hier vorangestellt*) – anstelle
intro 1 – eindringen
concubitus, concubitus *m.* – Geschlechtsverkehr
quadraginta (*indekl.*) – vierzig

Babylon: die rekonstruierten Stadtmauern

ACTIVA ET CONTEMPLATIVA

- Was ist das Besondere an Semiramis? Wie erreicht sie es? Wodurch kommt sie zu Fall? Welche Problematik zeigt sich an ihrer Geschichte?
- Welches der Weltwunder wird mit dem Namen der Semiramis in Zusammenhang gebracht? Wie heißen die anderen sechs Weltwunder der antiken Welt? Trage alle in die Tabelle ein und auch, wo sie sich befanden.

	Weltwunder	Ort
1		
2		
3		
4		
5		
6		
7		

Alexander von Makedonien (356-323 v. Chr.)

Er erhielt durch den Philosophen Aristoteles eine umfassende Bildung in griechischer Kultur. Mit zwanzig Jahren König geworden, hatte er ein Lebensziel: die Perser zu besiegen. Sein jugendlicher Enthusiasmus, mit dem er seine Soldaten bis an die Grenzen Indiens führte, inspirierte Dichter und Schriftsteller.

Alexander und die Amazonenkönigin

Erat Hyrcaniae[1] finitima gens Amazonum circa Thermodonta[2] amnem Themiscyrae[3] incolentium campos. Reginam habebant Thalestrin[4] omnibus inter Caucasum[5] montem et Phasin[6] amnem imperitantem[7]. Haec cupidine visendi[8] regis accensa finibus regni sui excessit et, cum haud procul abesset, praemisit indicantes venisse reginam adeundi eius cognoscendique avidam[9]. Protinus factā potestate veniendi, ceteris iussis subsistere[10], trecentis feminarum comitata[11] processit atque, ut[12] primum rex in conspectu fuit, equō ipsa desiluit duas lanceas[13] dexterā praeferens[14].

Vestis non toto[15] Amazonum corpori obducitur[16]: nam laeva[17] pars ad pectus est nuda, cetera[18] deinde velantur[19]. Nec tamen sinus[20] vestis, quem nodo[21] colligunt[22], infra[23] genua[24] descendit[25]. Altera papilla[26] intacta[27] servatur, quā muliebris sexūs[28] liberos alant: aduritur[29] dextera[30], ut arcūs facilius intendant[31] et tela vibrent[32].

(Fortsetzung auf Seite 44)

[1] **Hyrcania**, -ae *f.*: Hyrkanien (*Landschaft im SO des Kaspischen Meeres*)
[2] **Thermodon**, Thermodontis *m.*: Thermodon (*Fluss in Pontus*); **Thermodonta**: *griech. Akkusativ*
[3] **Themiscyra**, -ae *f.*: Themiscyra (*Stadt in Pontus*)
[4] **Thalestris**, Thalestris *f.*: Thalestris; **Thalestrin**: *griech. Akkusativ*
[5] **Caucasus**, -i *m.*: Kaukasus
[6] **Phasis**, Phasidis *m.*: Phasis (*Fluss in Kolchis*)
[7] **imperito 1** + *Dat.*: beherrschen
[8] **viso 3**: sehen
[9] **avidus**, -a, -um + *Gen.*: begierig
[10] **subsisto 3**: stehen bleiben
[11] **comitatus**, -a, -um: begleitet
[12] **ut primum**: sobald
[13] **lancea**, -ae *f.*: Lanze
[14] **praefero**, -fers, -ferre: vor sich her tragen
[15] **toto** (Dativ Singular) = *klassisch* **toti**
[16] **obduco 3** + *Dat.*: über etwas ziehen
[17] **laevus**, -a, -um: der linke (*Adj.*)
[18] **cetera**: *n. Pl.*
[19] **velo 1**: verhüllen
[20] **sinus**, sinus *m.*: Bausch
[21] **nodus**, -i *m.*: Knoten
[22] **colligo 3**: zusammen ziehen
[23] **infra** + *Akk.*: unter
[24] **genua**, genuum *n. Pl.*: die Knie
[25] **descendo 3** *hier*: herabwallen
[26] **papilla**, -ae *f.*: Brust
[27] **intactus**, -a, -um: unversehrt
[28] **muliebris sexūs**: *Gen. qual. zu* **liberos**
[29] **aduro 3**: versengen, ausbrennen
[30] *Ergänze*: **papilla**
[31] **intendo 3**: spannen
[32] **vibro 1**: schleudern

Amazonenhaupt, griechische Skulptur, 5. Jhdt. v. Chr.

VOCABULARIUM

circa (+ *Akk.*)	um
amnis, amnis *m.*	Fluss
regina, -ae *f.*	Königin
cupido, cupidinis *f.*	Verlangen
accendo 3, accendi, -censum	entflammen
excedo 3, excessi, -cessum (+ *Abl.*)	sich entfernen von / aus
haud	nicht
procul (*Adv.*)	fern
absum, abes, -esse, afui, –	entfernt sein
praemitto 3, praemisi, -missum	vorschicken
indico 3, indixi, -dictum	anzeigen (*hier*: ankündigen)
protinus (*Adv.*)	sofort
potestas, potestatis *f.*	Möglichkeit
trecenti, -ae, -a	300
procedo 3, -cessi, -cessum	vorrücken
femina, -ae *f.*	Frau
dexter, -(e)ra, -(e)rum	der rechte
dext(e)ra, -ae *f.*	die rechte Hand
vestis, vestis *f.*	Kleidung(sstück)
pectus, pectoris *n.*	Brust
servo 1	bewahren
muliebris, -e	weiblich
arcus, arcus *m.*	Bogen

Interrito[1] vultu regem Thalestris[2] intuebatur[3], habitum eius haudquaquam[4] rerum famae parem oculis perlustrans[5]: quippe omnibus barbaris in corporum maiestate[6] veneratio[7] est, magnorumque operum non alios capaces[8] putant quam quos[9] eximiā specie donare natura dignata[10] est. Ceterum interrogata, num aliquid petere vellet, haud dubitavit fateri[11] ad communicandos[12] cum rege liberos se venisse dignam[13], ex quā ipse regni generaret[14] heredes; feminini[15] sexūs[16] se retenturam[17], marem[18] redditturam patri. Alexander, an cum ipso militare vellet, interrogat: et illa causata[19] sine custode regnum reliquisse petere perseverabat, ne se inritam[20] spei pateretur abire. Acrior ad venerem feminae cupido fuit quam regis ac, ut paucos dies subsisteret[21], perpulit[22]: XIII dies in obsequium[23] desiderii[24] eius absumpti[25] sunt. Tum illa regnum suum, rex Parthienen[26] petiverunt.

Amazone, Kopie einer griechischen Skulptur des 5. Jhdt.s v. Chr.

1 **interritus**, -a, -um: furchtlos
2 **Thalestris**, Thalestris *f.*: Thalestris (*Amazonenkönigin*)
3 **intueor 2**: betrachten
4 **haudquaquam** (*Adv.*): keineswegs
5 **perlustro 1**: mustern
6 **maiestas**, maiestatis *f.*: Größe
7 **veneratio**, venerationis *f.*: Verehrung
8 **capax** (*Gen.*: capacis) + *Gen.*: tauglich für
9 **quos = eos, quos**
10 **dignor 1**: für würdig halten
11 **fateor 2**: gestehen
12 **liberos communicare**: gemeinsame Kinder haben
13 **dignam, ex qua** ...: da sie würdig sei, dass mit ihr ...
14 **genero 1**: zeugen
15 **femininus**, -a, -um: weiblich
16 **feminini sexūs** (*Gen. qual.*) **<liberos>**
17 **retineo 2**, -ui, -tentum: behalten
18 **mas**, maris *m. hier*: Sohn
19 **causor 1**: angeben; **et illa causata <est se> sine custode regnum reliquisse <et> petere perseverabat**
20 **inritus**, -a, -um + *Gen.*: getäuscht in
21 **subsisto 3**: Halt machen
22 **perpello 3**, perpuli, -pulsum: veranlassen
23 **obsequium**, -i *n. hier*: Erfüllung
24 **desiderium**, -i *n.*: Wunsch
25 **absumo 3**, -sumpsi, -sumptum: verbrauchen
26 **Parthiene**, Parthienes *f.*: die Landschaft Parthien (*im SO des Kaspischen Meeres*)

VOCABULARIUM

vultus, vultus *m.*	Miene, Blick
habitus, habitus *m.*	das Äußere
quippe	denn
barbari, -orum *m.* Pl.	die Barbaren
eximius, -a, -um	besonders
species, speciei *f.*	Gestalt
dono 1	beschenken
ceterum (*Adv.*)	übrigens
interrogo 1	fragen
haud	nicht
heres, heredis *m.*	Erbe
an	ob (*auch*: oder)
milito 1	Krieg führen
custos, custodis *m.*	Wächter
persevero 1	fortfahren
abeo, -is, -ire, abii, -itum	weggehen
venus, veneris *f.*	Liebesgenuss
femina, -ae *f.*	Frau
cupido, cupidinis *f.*	Verlangen

ACTIVA ET CONTEMPLATIVA

Die Amazonen: Verkannt und verleumdet — Albtraum griechischer Männer?

- Wodurch erregten die Amazonen Anstoß bei „normalen“ Griechen?
- Welche Gründe kann es dafür geben, dass in die Alexandergeschichte auch eine Begegnung mit den Amazonen eingeflochten wurde (Vgl. Seite 13!)?
- Entspricht Alexanders Reaktion dem traditionellen Verhalten eines (griechischen) Mannes (des 4. Jahrhunderts v. Chr.)?
- Welche Reaktionen lösen heute noch Frauen mit nicht traditionellem Lebensmuster bzw. nicht traditionellen Berufen aus? Wie ist z. B. die öffentliche Meinung Soldatinnen gegenüber eingestellt? Was könnte andererseits für Frauen ein Anreiz sein, diesen Beruf zu ergreifen?
- Erstellt einen Zeitungsbericht – eine Reportage – ein Interview zum Thema der Episode.
- Finde eine Schlagzeile / passende Überschrift.

Bei diesem Kampf mit Amazonen ist die griechische Welt in Ordnung: Es siegen die Männer. Fries am Mausoleum von Halikarnassos (Bodrum, Türkei), 4. Jhdt. v. Chr.

Alexanders Tod

Im Juni 323 befiel Alexander, der durch Strapazen und Unmäßigkeit geschwächt war, ein heftiges Fieber.

Intuentibus lacrimae obortae praebuere speciem[1] iam non regem, sed funus eius visentis exercitūs. Maeror tamen circumstantium lectum[2] eminebat; quos ut rex aspexit: "Invenietis", inquit, "cum excessero, dignum talibus viris regem?" Incredibile dictu[3] audituque in eodem habitu corporis, in quem se conposuerat, cum admissurus milites esset, durasse[4], donec a toto exercitu illud ultimum[5] persalutatus est; dimissoque vulgo velut omni vitae debito liberatus fatigata membra reiecit. Propiusque adire iussis amicis – nam et vox deficere iam coeperat – detractum anulum digito Perdiccae[6] tradidit adiectis mandatis, ut corpus suum ad Hammonem[7] ferri iuberent. Quaerentibusque his, cui relinqueret regnum, respondit ei, qui esset optimus; ceterum providere iam se ob id certamen magnos funebres ludos parari sibi. Rursus Perdiccā interrogante, quando caelestes[8] honores haberi sibi vellet, dixit tum velle, cum ipsi felices essent. Suprema haec vox fuit regis, et paulo post extinguitur.

[1] *Verbinde / ordne*: **praebuere speciem exercitūs** (*Gen.*) **iam non regem** <visentis>, **sed** <speciem exercitūs (*Gen.*)> **funus eius** (= regis) **visentis**
[2] *Objekt zu* **circumstantium**
[3] **dictu audituque** (*Supinum*): zu sagen und zu hören (*es folgt ein AcI!*)
[4] *Als Subjekt im AcI ergänze*: **Alexandrum**
[5] **illud ultimum** (*Adv.*): zum letzten Mal
[6] **Perdicca**, -ae *m.*: Perdicca (*General Alexanders*)
[7] **Hammon**, Hammonis *m.*: Ammon (*ägypt. Gott*)
[8] **caelestis**, -e: himmlisch, göttlich

Der so genannte 'Alexander-Sarkophag' mit Darstellungen von Schlachten zwischen Alexander und den Persern. Sidon (Libanon), Ende 4. Jhdt. v. Chr.

ACTIVA ET CONTEMPLATIVA

- Alexanders Zug führte ihn weit über die damals den Griechen bekannte Welt hinaus. Stelle anhand einer modernen Karte fest, welche heutigen Staaten das Reich Alexanders umfasste.
- In welchen dieser Staaten gibt es heute noch Denkmäler griechischer Kultur?
- Informiert euch über Details aus Alexanders Leben. Erstellt eine Zeitleiste mit den wichtigsten Ereignissen und Personen in seinem Leben.
- Alexander war für seine Zeitgenossen und für die Menschen vieler nachfolgender Jahrhunderte ein Held. Versucht gemeinsam den Begriff „Held“ zu definieren. War Alexander ein Held? Was hat seine Zeitgenossen und die Menschen anderer Jahrhunderte so fasziniert?
- Betrachtet eines seiner zahlreich vorhandenen Porträts. Er wirkt doch wie ein Mensch von heute, sogar seine Frisur ist nicht antiquiert. Findet ihr ihn attraktiv? Was strahlt sein Porträt aus?
- „Alexander kehrt zurück“: Wir kennen das aus unzähligen „Zurück-in-die-Zukunft“-Filmen. Was sagt er wohl zum Nahen Osten, zum Verhältnis West-Ost heute? Gestaltet einen „Runden Tisch“, ein Exklusivinterview.
- Alexander als jung verstorbener Held: Sucht Beispiele, weshalb jung verstorbene Idole besonders im Gedächtnis bleiben.
- Alexander und die Frauen: War Alexander ein Muttersohn? War Alexander homosexuell? Nachforschungen erwünscht!

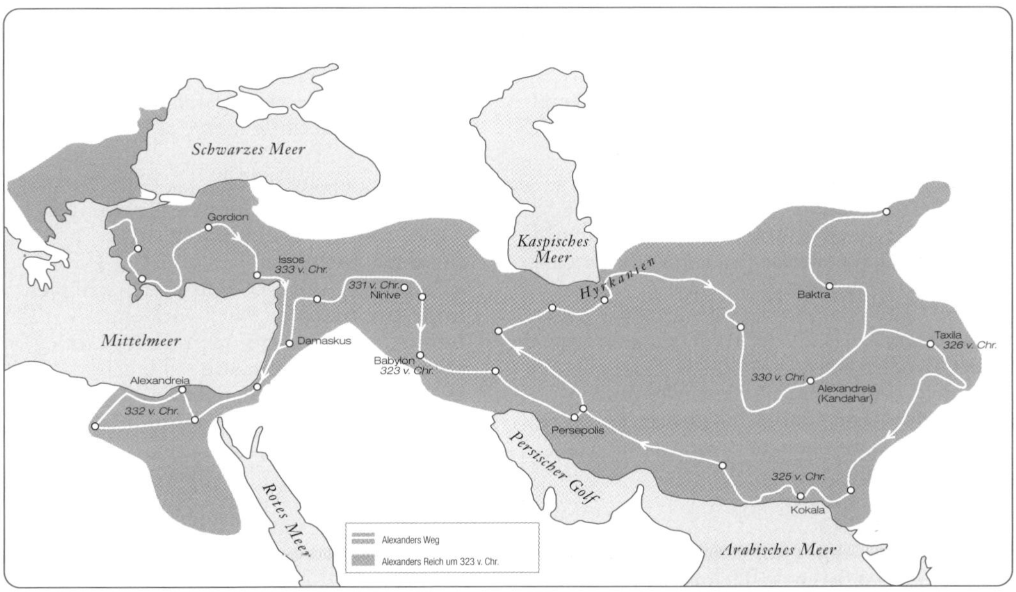

Hannibal und der 2. Punische Krieg

Saguntum[1], foederatam[2] civitatem, vi expugnavit; tres exercitūs maximos comparavit. Ex his unum in Africam misit, alterum cum Hasdrubale fratre in Hispania reliquit, tertium in Italiam secum duxit. Saltum[3] Pyrenaeum transiit. Quacumque[4] iter fecit, cum omnibus incolis[5] conflixit: neminem nisi victum dimisit. Ad Alpes posteaquam venit, quae Italiam ab Gallia seiungunt[6], quas nemo umquam cum exercitu ante eum praeter Herculem Graium[7] transierat, quo facto is hodie saltus[3] Graius appellatur, Alpicos[8] conantes prohibere transitu concidit[9]; loca patefecit, itinera muniit[10], effecit, ut eā[11] elephantus ornatus ire posset, quā antea unus homo inermis[12] vix poterat repere[13]. Hāc[11] copias traduxit in Italiamque pervenit. (...) Hinc invictus[14] patriam defensum[14] revocatus[15] bellum gessit adversus P. Scipionem[16], filium eius[17], quem ipse primo apud Rhodanum, iterum apud Padum[18], tertio[19] apud Trebiam[20] fugarat[21]. Cum hōc, exhaustis[22] iam patriae facultatibus, cupivit impraesentiarum[23] bellum componere[24], quo[25] valentior[26] postea congrederetur[27]. In colloquium convenit[28]; condiciones non convenerunt[29]. Post id factum paucis diebus apud Zamam[30] cum eodem conflixit.

1 **Saguntum**, -i *n.*: Saguntum (*Stadt in Spanien*); *Subjekt* **Hannibal**
2 **foederatus**, -a, -um: verbündet
3 **saltus**, saltus *m.*: Gebirge; **saltus Pyrenaeus**: die Pyrenäen
4 **quacumque**: wo auch immer
5 **incola**, -ae *m.*: Einwohner
6 **seiungo 3= divido 3**
7 **Graius**, -a, -um: griechisch. *Der von Hannibal verehrte **Hercules** war eigentlich der punisch-phönikische **Melqart**, der im Zuge der hellenistischen Götterverehrung an griechische Verhältnisse angepasst wurde (die semitische Wortwurzel **mlk** bedeutet „herrschen“).*
8 **Alpici**, -orum *m. Pl.*: Alpenbewohner
9 **concido 3**, concidi, -cisum: schlagen
10 **munio 4**: befestigen
11 *Ergänze*: **viā**
12 **inermis**, -e: unbewaffnet
13 **repo 3**: kriechen
14 **invictus**, -a, -um: unbesiegt; **patriam defensum** (*Supinum*): um die Heimat zu verteidigen
15 **revoco 1**: zurückrufen
16 **P. Scipio**: Publius Scipio (*röm. Feldherr*)
17 *Der gleichnamige Vater des Feldherrn hatte erfolglos gegen Hannibal gekämpft. Er fiel 211 v. Chr. in Spanien im Kampf gegen Hasdrubal.*
18 **Padus**, -i *m.*: Po
19 **tertio**: zum dritten Mal
20 **Trebia**, -ae *f.*: Trebia (*Nebenfluss des Po; Schlachtenort Dez. 218 v. Chr.*)
21 **fugarat = fugaverat**
22 **exhaurio 4**, exhausi, -haustum: erschöpfen
23 **impraesentiarum** (*Adv.*): vorläufig
24 **bellum componere**: den Krieg beilegen; **componere = composuit**
25 **quo** (+ *Komparativ*): damit umso
26 **valens** (*Gen.*: valentior): stark
27 **congredior 3**: kämpfen
28 **convenit = venit**
29 **convenio 4** *hier*: passen
30 **Zama**, -ae *f.*: Zama (*Stadt in Numidien*)

VOCABULARIUM

expugno 1	erobern
Hasdrubal, Hasdrubalis *m.*	Hasdrubal (*Bruder Hannibals*)
confligo 3, conflixi, -flictum	zusammenstoßen
Alpes, Alpium *f. Pl.*	die Alpen
umquam (*Adv.*)	jemals
transitus, transitus *m.*	Durchgang
patefacio 3, patefeci, -factum	öffnen
efficio 3, effeci, -fectum	bewirken
orno 1	schmücken (*hier*: ausrüsten)
quā (*Adv.*)	wo
hinc (*Adv.*)	von hier
Rhodanus, -i *m.*	Rhône
iterum (*Adv.*)	wieder
facultas, facultatis *f.*	(finanzielle) Möglichkeit
fugo 1	in die Flucht schlagen
cupio 3, cupivi, -itum	wünschen
colloquium, -i *n.*	Unterredung

ACTIVA ET CONTEMPLATIVA

Ars Grammatica: **Vorsilben** (vgl. auch die Seiten 83, 101 und 117)

Die Kenntnis von Vorsilben erleichtert das Vokabellernen und auch das Verständnis des Textes. Vorsilben können z. B. Präpositionen sein. Manchmal dienen die Vorsilben, die ein „einfaches" Verbum (*verbum simplex*) erweitern, nur zur Verstärkung (denkt an die in eurem Sprachgebrauch üblichen und schnell wechselnden Verstärker wie *„ur-"*. *„mega-"* usw.; hier: **per**-venio: gelangen, Verstärkung zu *venio*), aber das durch sie entstehende *verbum compositum*, das „zusammengesetzte" Verb, kann durchaus eine eigene Bedeutung haben. Im vorliegenden Text gibt es dafür einige Beispiele: ***trans**-ire*: **hinüber**-gehen, ***di**-mitto*: **weg**-schicken; ***re**-voco*: **zurück**-rufen; ***ex**-haurio*: **aus**-schöpfen, **er**-schöpfen.

Sammelt auf den nächsten Seiten Verben mit Vorsilben und vergleicht, ob durch die Vorsilben die Bedeutung verändert oder nur verstärkt wird.

- **co-/con-** bedeutet **„zusammen"** (auch bei Substantiven und Adjektiven), oft ist es aber einfach nur eine Verstärkung;
- **in-** heißt nicht immer **„hinein"**, sondern oft auch **an-** (bei Adjektiven drückt es auch eine Verneinung aus: **in- = un-**).

Hannibal überquert die Alpen, Buchillustration, 19. Jhdt.

Hannibal auf Kreta

Die Römer wandten sich nach dem 2. Punischen Krieg verstärkt dem Osten zu. Unter dem Vorwand, Verbündete zu schützen, griffen sie zunächst auf dem Balkan ein. In der Folge verspielte Antiochus, der König von Syrien, den Hannibal vergeblich vor den Römern warnte, seinen ganzen Machtbereich in Kleinasien, der – zunächst – den Verbündeten der Römer zufiel. Damit war Hannibal wieder einmal auf der Flucht.

Antiocho fugato verens, ne dederetur, quod sine dubio[1] accidisset, si sui[2] fecisset potestatem[3], Cretam ad Gortynios[4] venit, ut ibi, quo se conferret, consideraret[5]. Vidit autem vir omnium callidissimus[6] in magno se fore periculo, nisi quid providisset, propter avaritiam Cretensium[7]. Magnam enim secum pecuniam portabat, de qua sciebat exisse famam. Itaque capit tale consilium. Amphoras[8] complures complet plumbo[9], summas[10] operit[11] auro et argento. Eas praesentibus principibus deponit in templo Dianae, simulans se suas fortunas illorum fidei credere[12]. His in errorem[13] inductis statuas[14] aeneas, quas secum portabat, omni suā pecuniā complet easque in propatulo[15] domi[16] abicit. Gortynii templum magnā curā custodiunt[17] non tam a ceteris quam ab Hannibale[18], ne ille inscientibus[19] iis tolleret[20] secumque duceret.

Hannibal (antike Büste)

[1] **dubium**, -i *n.*: Zweifel
[2] **sui** (*Gen. des Reflexivpronomens, abhängig von potestatem*): über ihn
[3] **potestatem facere** *hier*: Vollmacht geben
[4] **Gortynii**, -orum *m. Pl.*: Einwohner der Stadt Gortyn
[5] **considero 1**: überlegen
[6] **callidus**, -a, -um: schlau
[7] **Cretenses**, Cretensium *m. Pl.*: die Kreter
[8] **amphora**, -ae *f.*: Vorratsgefäß
[9] **plumbum**, -i *n.*: Blei
[10] **summus**, -a, -um: an der Oberfläche
[11] **operio 4**: bedecken
[12] **credo 3** *hier*: anvertrauen
[13] **in errorem inducere**: täuschen
[14] **statua**, -ae *f.*: Standbild
[15] **propatulum**, -i *n.*: Vorhof
[16] **domi** *hier Genitiv!*
[17] **custodio 4**: bewachen
[18] **Hannibal**, Hannibalis *m.*: Hannibal
[19] **insciens** (*Gen.*: inscientis): ohne Wissen
[20] *Ergänze*: **amphoras**

VOCABULARIUM

fugo 1	in die Flucht schlagen	**fama**, -ae *f.*	Kunde
vereor 2, veritus sum	fürchten	**aurum**, -i *n.*	Gold
dedo 3, dedidi, -ditum	ausliefern	**argentum**, -i *n.*	Silber
Creta, -ae *f.*	Kreta	**praesens** (*Gen.*: praesentis)	anwesend
provideo 2, providi, -visum	vorsorgen	**simulo 1**	vortäuschen
porto 1	tragen	**fortuna**, -ae *f.*	*Pl.*: Vermögen
exeo, -is, -ire, exii, -itum	hinausgehen	**aeneus**, -a, -um	aus Bronze
		abicio 3, abieci, -iectum	hinwerfen

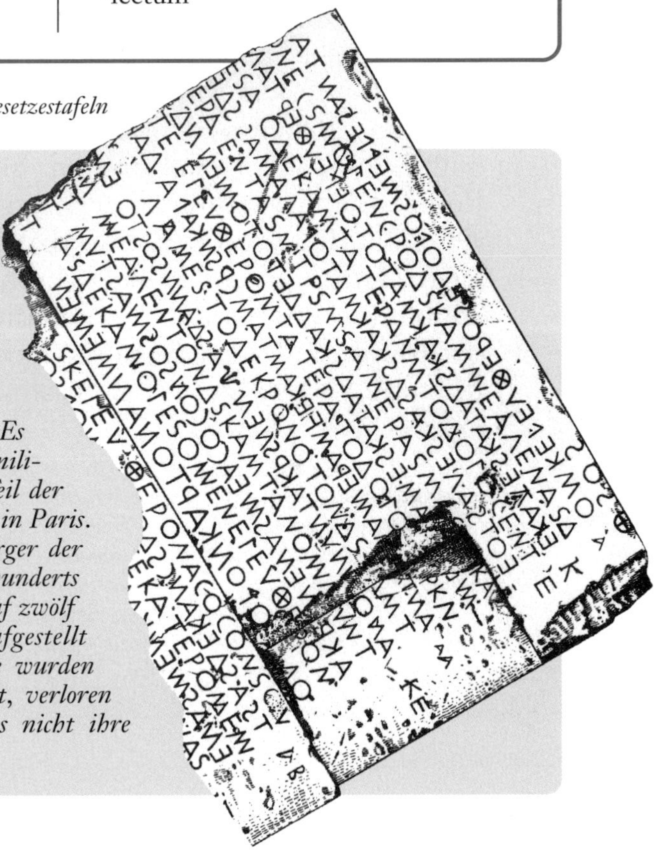

Gortyn: die erste der 12 Gesetzestafeln

Gesetze in Stein und Bronze

In der Stadt ***Gortyn*** *wurde im 5. Jahrhundert v. Chr. das (inhaltlich gewiss noch ältere) Stadtrecht auf zwölf Blöcken einer Steinwand aufgezeichnet. So war es allen Bürgern zugänglich. Die Art der Aufzeichnung lässt darauf schließen, dass ein Großteil der Bürger lesen konnte. Es enthielt u. a. Bestimmungen zum Familien-, Erb- und Vermögensrecht. Ein Teil der Inschrift befindet sich heute im Louvre in Paris. In ähnlicher Weise verfuhren die Bürger der Stadt Rom: Seit Mitte des 5. Jahrhunderts v. Chr. war das geltende Stadtrecht auf zwölf Bronzetafeln für alle sichtbar aufgestellt („****Zwölftafelgesetze****“). Diese Gesetze wurden durch Interpretation weiter entwickelt, verloren aber bis zum Ende des Römerreiches nicht ihre Gültigkeit.*

ACTIVA ET CONTEMPLATIVA

- Unterstreiche im Text alle Verweiswörter (Pronomina, Adverbia, ...), die garantieren, dass aus Einzelsätzen ein Text entsteht. Markiere auch die Wörter / Wortgruppen, worauf diese Verweiswörter Bezug nehmen (z. B.: *ad Gortynios* venit, ut *ibi* ... consideraret).
- Im Text kommen einige Verbalformen im Imperfekt vor. Erkläre, warum in diesen Sätzen das Imperfekt stehen muss.

Cäsar gelangt zur Macht

Im Jahre 60 v. Chr. schließt Cäsar mit Pompeius und Crassus einen privaten Pakt, das so genannte Erste Triumvirat. Fortan bestimmen diese drei Männer die Geschicke Roms. Besonders Cäsar versteht es, daraus persönlichen Nutzen zu ziehen ...

Anno urbis conditae sescentesimo[1] nonagesimo tertio C. Iulius Caesar, qui postea imperavit, cum L. Bibulo[2] consul est factus. Decreta[3] est ei Gallia et Illyricum[4] cum legionibus decem. Is primus vicit Helvetios[5], qui nunc Sequani[6] appellantur, deinde vincendo per bella gravissima usque ad Oceanum Britannicum[7] processit. Domuit autem annis novem fere omnem Galliam, quae inter Alpes, flumen Rhodanum, Rhenum et Oceanum est et circuitu patet ad bis et tricies[8] centena milia passuum. Britannis[9] mox bellum intulit, quibus ante eum ne nomen quidem Romanorum cognitum[10] erat, eosque victos obsidibus acceptis stipendiarios[11] fecit. Galliae autem tributi[12] nomine annuum[13] imperavit stipendium quadringenties[14], Germanosque trans Rhenum adgressus inmanissimis[15] proeliis vicit.

Durch seine Erfolge baut Cäsar seine Machtposition sukzessive aus. Das Verhältnis zu seinen Partnern verschlechtert sich zusehends, besonders das zu Pompeius. Versuchen, die Spannungen zu beheben, ist kein dauerhafter Erfolg beschieden. Schließlich kommt es zum offenen Bruch. Um nicht von Pompeius und vom Senat politisch kaltgestellt zu werden, beginnt Cäsar einen Bürgerkrieg.

C. Julius Caesar (antike Büste)

[1] **sescentesimus nonagesimus tertius**: der 693.
[2] **L. Bibulus**: Lucius Bibulus (*Cäsars Mitkonsul 59 v. Chr.*)
[3] **decerno 3**, decrevi, -cretum: bestimmen
[4] **Illyricum**, i *n.*: Illyrien (*Provinz an der dalmatinischen Küste*)
[5] **Helvetii**, -orum *m. Pl.*: die Helvetier (*kelt. Stamm*)
[6] **Sequani**, -orum *m. Pl.*: die Séquaner (*kelt. Stamm in Gallien*)
[7] **Oceanus Britannicus**: der Ärmelkanal
[8] **tricies** (*Adv.*): dreißigmal
[9] **Britanni**, -orum *m. Pl.*: die Britannier
[10] **cognitus**, -a, -um: bekannt
[11] **stipendiarius**, -a, -um: tributpflichtig
[12] **tributum**, -i *n.*: Tribut, Abgabe
[13] **annuus**, -a, -um: jährlich
[14] **quadringenties** <sestertium>: 400 Millionen Sesterzen
[15] **inmanis**, -e: riesig

VOCABULARIUM

condo 3, condidi, -ditum	gründen
impero 1	herrschen
Oceanus, -i *m.*	Ozean
Alpes, Alpium *f. Pl.*	die Alpen
domo 1, domui, -itum	bezwingen
Rhodanus, -i *m.*	Rhône
Rhenus, -i *m.*	Rhein
pateo 2, -ui, –	sich erstrecken, *auch*: offen stehen
bis (*Adv.*)	zweimal
centeni, -ae, -a	je hundert
mox (*Adv.*)	bald
stipendium, -i *n.*	Steuer
adgredior 3, adgressus sum	angreifen

ACTIVA ET CONTEMPLATIVA

- Informiere dich über Cäsars Abstammung, Familie, Karriere.
- Wo macht sich Cäsar militärisch einen Namen? Welche militärischen Operationen hebt Eutrop besonders hervor?

Anno urbis conditae sescentesimo nonagesimo tertio …

*Die **römische Zeitrechnung** begann mit dem „berechneten" Datum der Gründung der Stadt Rom, dem Jahr 753 v. Chr. Jahresangaben wurden, sofern man sie nicht durch die Nennung der jeweiligen Konsuln umschrieb, von diesem fiktiven Nullpunkt aus gezählt. Wenn man sich darauf bezog, verwendete man Formeln wie „anno ab urbe condita", „anno urbis conditae …".*

Römischer Soldat und keltischer Krieger. Bronzerelief, 1. Jhdt. n. Chr.

Caesar und Kleopatra: Vorgeschichte

Als Caesar im Jahr 48 v. Chr. in der Schlacht von Pharsalos Pompeius im Bürgerkrieg vernichtend schlägt, flieht dieser nach Ägypten, wo gerade ein heftiger Thronstreit tobt[1] ...

Ibi casu rex erat Ptolemaeus[2], puer aetate, magnis copiis cum sorore Cleopatrā bellum gerens, quam paucis ante mensibus per suos propinquos atque amicos regno expulerat; castraque Cleopatrae non longo spatio ab eius castris distabant[3]. Ad eum Pompeius misit, ut pro hospitio atque amicitiā patris Alexandriā reciperetur atque illius opibus in calamitate tegeretur[4].

Ptolemäus aber verrät Pompeius und befiehlt seine Ermordung[5]...

Huius[6] latus sub oculis uxoris et liberorum a Septimio[7], Ptolemaei[2] praefecto, mucrone[8] confossum[9] est. Iamque defuncti[10] caput gladio praecisum[11], quod usque ad ea tempora fuerat ignoratum[12]. Truncus[13] Nilo[14] iactatus[15], a Servio[16] Codro rogo[17] inustus[18] humatusque[19] est, inscribente[20] sepulcro: HIC POSITUS EST MAGNUS. Caput ab Achillā, Ptolemaei[2] satellite, Aegyptio velamine[21] involutum[22] cum anulo Caesari praesentatum[23] est. Qui non continens lacrimas, illud plurimis et pretiosissimis[24] odoribus[25] cremandum[26] curavit.

[1] *Der Text stammt aus C. Iulius Caesar, bellum civile (Teubner, Leipzig 1885): III, 103*
[2] *gemeint ist Ptolemaeus XIII., dessen gleichnamiger Vater Pompeius den Erhalt seiner Herrschaft verdankte*
[3] **disto 1**: entfernt sein
[4] **tego 3**: beschützen
[5] *Der Text stammt aus: Sex. Aurelius Victor, Historia Romana (Wien - Triest 1825) cap. 77*
[6] **huius = Pompeii**
[7] **Septimius**, -i *m.*: Septimius (*männl. Eigenname*)
[8] **mucro**, mucronis *m.*: Dolch
[9] **confodio 3**, confodi, -fossum: durchbohren
[10] **defunctus**, -a, -um: tot
[11] **praecído 3**, praecídi, -císum: vorn abschlagen
[12] **ignoratus**, -a, -um: unbekannt
[13] **truncus**, -i *m.*: Rumpf
[14] **Nilus**, -i *m.*: Nil (*Strom in Ägypten*); **Nilo** (*Zieldativ*) **= in Nilum**
[15] **iacto 1**: schleudern
[16] **Servius Codrus** (-i, *m.*): Servius Codrus (*männl. Eigenname*)
[17] **rogus**, -i *m.*: Scheiterhaufen
[18] **inuro 3**, inussi, -ustum: verbrennen
[19] **humo 1**: beerdigen
[20] **inscribo 3** + *Dat.*: eine Inschrift setzen auf; **inscribente** *Part.conj. zu* **a Servio Codro**
[21] **velamen**, velaminis *n.*: Gewand
[22] **involvo 3**, involvi, -volutum: verhüllen
[23] **praesento 1**: präsentieren
[24] **pretiosus**, -a, -um: wertvoll
[25] **odores**, odorum *m. Pl.*: Räucherwerk
[26] **cremo 1**: verbrennen

VOCABULARIUM

Ptolemaeus, -i *m.*	Ptolemäus (*König von Ägypten*)
aetas, aetatis *f.*	Alter
soror, sororis *f.*	Schwester
spatium, -i *n.*	*auch*: Strecke
hospitium, -i *n.*	Gastfreundschaft
Alexandria, -ae *f.*	Alexandria (*Stadt in Ägypten*)
opes, opum *f. Pl.*	(Hilfs)mittel
latus, lateris *n.*	Seite
praefectus, -i *m.*	Präfekt

sepulcrum, -i *n.*	Grab
hic (*Adv.*)	hier
satelles, satellitis *m.*	Gefolgsmann
Achillas, -ae *m.*	Achillas (*General des Ptolemäus*)
Aegyptius, -a, -um	ägyptisch
anulus, -i *m.*	Ring
contineo 2, continui, -tentum	(zusammen)halten
curo 1 + *Gerund*	*Inf.*+ lassen

Gnaeus Pompeius Magnus

Pompeius (106-48 v. Chr.) machte sich als erfolgreicher Feldherr einen Namen. So bereitete er einerseits der Seeräuberplage ein Ende und ordnete andererseits die Verhältnisse im östlichen Mittelmeerraum neu. 60 v. Chr. schloss er einen privaten Pakt mit Caesar und Crassus: Dieses erste Triumvirat sollte für die kommenden Jahre Roms Geschicke bestimmen. Erste Risse dieses Bündnisses konnten in der Konferenz von Luca 56 v. Chr. noch gekittet werden. Als aber Crassus in der Schlacht bei Carrhae gegen die Parther gefallen war (53 v. Chr.), verschärfte sich der Gegensatz zu Caesar, der seinerseits gerade in Gallien von Erfolg zu Erfolg eilte. Pompeius näherte sich der Senatspartei an und wurde schließlich zum Führer der Optimaten. Als Caesar daraufhin den Bürgerkrieg begann, sammelte Pompeius seine Truppen in Griechenland. Bei Pharsalos kam es 48 v. Chr. zur entscheidenden Schlacht, die mit Pompeius' Flucht endete.

Thronstreit in Ägypten

Ptolemäus XII. Auletes („Flötenspieler") hatte nach inneren Unruhen Ägypten verlassen müssen und jahrelang im Exil in Syrien gelebt. Mittels Bestechung und dank der Hilfe der Triumvirn gelang ihm die Rückkehr auf seinen Thron. Rom sollte als Schutzmacht auch garantieren, dass zwei seiner Kinder, Ptolemäus XIII. und Kleopatra VII., gemeinsam die Nachfolge antreten konnten. Doch gleich nach dem Tode des Vaters kam es unter den Geschwistern zum Zerwürfnis.

Eine folgenreiche Begegnung

Cäsar bezieht den Palast in Alexandria, wird allerdings dort von den Anhängern des Ptolemäus eingeschlossen. Da tritt Kleopatra auf den Plan[1] :

Illa unum secum trahens[2] ex amicis Siculum[3] Apollodorum[4], exiguo[5] acatio[6] conscenso, primis iam tenebris[7] applicuit ad regiam. Cum nullā aliā ratione posset latēre[8], culcitrā[9] involuta[10] protendit[11] se in longum[12]. Apollodorus[4] constrictam[13] loro[14] culcitram[9] per portam ad Caesarem adtulit. Atque hōc primo Cleopatrae commento[15] Caesarem autumant[16] captum, quod lepidam[17] invenerit, pellectumque[18] ceterā eius comitate[19] et festivitate[20] reconciliavisse[21] eam cum fratre hāc lege[22], ut consors[23] regni esset.

Der ägyptische Heerführer Achillas widersetzt sich Cäsar[24]:

Nam iussus[25] exercitum dimittere, cui praefuit, viginti milium armatorum, non modo sprevit[26] imperium, verum[27] et aciem direxit. In ipso proelio regia classis forte subducta[28] iubetur incendi. Ea flamma, cum partem quoque urbis invasisset[29], quadraginta milia librorum proximis forte aedibus condita exussit[30], singulare profecto[31] monumentum studii curaeque maiorum, qui tot tantaque illustrium[32] ingeniorum opera congesserant[33].

[1] *Der Text stammt aus: Plutarchi vitae parallelae, Vol. IV (Graece et Latine, ex officina Jacobi Tonson et Iohannis Watts, Londini, 1723), 150f (vita Caesaris 49)*
[2] **traho 3**: mitnehmen; *ordne*: **illa** (= Cleopatra) **unum ex amicis Apollodorum Siculum secum trahens**
[3] **Siculus**, -a, -um: aus Sizilien
[4] **Apollodorus**, -i *m.*: Apollodorus (*männl. Eigenname*)
[5] **exiguus**, -a, -um: winzig
[6] **acatium**, -i *n.*: Boot
[7] **tenebrae**, -arum *f. Pl.*: Dunkelheit
[8] **lateo 2**: versteckt sein
[9] **culcitra**, -ae *f.*: Teppich
[10] **involvo 3**, involvi, -volutum: verhüllen
[11] **protendo 3**, protendi, -tentum: ausstrecken
[12] **in longum**: der Länge nach
[13] **constrictus**, -a, -um: verschnürt
[14] **lorum**, -i *n.*: Riemen
[15] **commentum**, -i *n.*: Trick
[16] **autumo 1**: sagen; **autumant**: man sagt
[17] **lepidus**, -a, -um: geistreich
[18] **pellicio 3**, pellexi, pellectum: verlocken
[19] **comitas**, comitatis *f.*: Freundlichkeit
[20] **festivitas**, festivitatis *f.*: Festlichkeit
[21] **reconcilio 1**: wieder versöhnen
[22] **lex**, legis *f.*: Bedingung
[23] **consors**, consortis *f.*: Teilhaberin
[24] *Der Text stammt aus: Orosius, Historia adversus paganos (Vol. II, Fondazione Lorenzo Valla, 1998) 6, 15*
[25] *Subjekt ist* **Achillas**
[26] **sperno 3**, sprevi, spretum: missachten
[27] **verum et = sed etiam**
[28] **subduco 3**, subduxi, -ductum: an Land ziehen
[29] **invado 3**, invasi, -vasum: eindringen
[30] **exuro 3**, exussi, -ustum: verbrennen
[31] **profecto**: in der Tat
[32] **illustris**, illustre: hervorragend
[33] **congero 3**, congessi, -gestum: zusammentragen

VOCABULARIUM

conscendo 3, conscendi, -scensum	besteigen
applico 1, applicui, applicitum	*hier*: mit dem Boot anlegen
regia, -ae *f.*	Königsburg
ratio, rationis *f.*	*hier*: Art
praesum, -es, -esse, praefui, – + *Dat.*	leiten
dirigo 3, direxi, -rectum	aufstellen
non modo	nicht nur
regius, -a, -um	königlich
classis, classis *f.*	Flotte
forte (*Adv.*)	zufällig
flamma, -ae *f.*	*hier*: Feuer
quadraginta (*indekl.*)	vierzig
aedes, aedium *f. Pl.*	Haus
singularis, singulare	einzigartig
maiores, maiorum *m. Pl.*	Ahnen
ingenium, -i *n.*	Talent

ACTIVA ET CONTEMPLATIVA

Das Zusammentreffen Cäsars, des Römers, der die Welt veränderte, mit der verführerischen Königin Ägyptens beschäftigte Künstler und Literaten aller Epochen. Recherchiert in Literatur-, Kunst- und Filmlexika sowie im Internet nach bekannten (und weniger bekannten) Behandlungen des Stoffes.

John W. Waterhouse (1849-1917), Cleopatra (Ölgemälde, um 1888)

Der kaiserzeitliche Autor Plutarch meint über Kleopatras äußere Erscheinung: „Ihre Schönheit an sich fand wohl ihresgleichen und vermochte nicht, durch den bloßen Anblick zu berücken, in der Unterhaltung übte sie dagegen eine unwiderstehliche Anziehung aus. Der Zauber ihrer Rede, die geistige Anmut ihres ganzen Wesens verliehen ihren Reizen einen Stachel, der sich tief in die Seele eindrückte.“ (Vitae, Antonius 27). Dies zeigt wohl, dass Kleopatras Attraktivität vor allem in ihrem Charme und Esprit zu sehen ist.

Kampf und Sieg in Ägypten

(…) Caesar postea insulam, ubi Pharus est, cepit. Eo Achillas[1] cum Gabinianis[1] militibus venit. Ingens pugna commissa[2] est: Magna ibi Caesarianorum[3] militum multitudo cécidit, omnes etiam interfectores[4] Pompei interfecti sunt. Caesar vi insistentium[5] hostium pressus scapham escendit[6]: Quā mox pondere[7] subsequentium[8] gravatā ac mersā[9], per ducentos[10] passūs ad navem unā manu elevatā[11], quā chartas[12] tenebat, nando[13] pervenit, mox navali certamine pulsatus[14], magnā felicitate classem regiam aut depressit[15] aut cepit. Alexandrinis petentibus regem reddidit monitum[16], ut magis amicitiam Romanam quam arma experiri[17] studeret. Qui tamen ilico[18], ut liber fuit, bellum intulit, sed continuo[19] cum toto exercitu suo et[20] ipse deletus[20] est. Nam viginti milia hominum in eo bello caesa referuntur[21], duodecim[22] milia cum septuaginta longis navibus dedita, quingenti[23] ex victoribus cecidisse dicuntur. Rex ipse adulescens scaphā exceptus, ut fugeret, multis insilientibus[24] mersus[9] necatusque est. Corpus eius ad litus devolutum[25] indicio[26] loricae[27] aureae cognitum fuit: Quā Caesar Alexandriam praemissā, Alexandrinos omnes ad deditionem desperatione[28] compulit[29] regnumque Aegypti[30] Cleopatrae dedit.

[1] **Achillas**, ae *m.*: Achillas (*General des Ptolemäus*); **Gabinianus**, -a, -um: des Gabinius (*römischer Statthalter in Syrien, der Ptolemäus' Vater Truppen überlassen hatte, um dessen Herrschaft in Ägypten zu sichern*)
[2] **pugnam comittere**: die Schlacht beginnen
[3] **Caesarianus**, -a, -um: von Caesar
[4] **interfector**, interfectoris *m.*: Mörder
[5] **insisto 3**: nachsetzen
[6] **escendo 3**, escendi, escensum: besteigen
[7] **pondus**, ponderis *n.*: Gewicht
[8] **subsequor 3**: nachfolgen
[9] **mergo 3**, mersi, mersum: untertauchen
[10] **ducenti**, -ae, -a: 200; **ducenti passūs**: 200 Schritt
[11] **elevo 1**: emporheben
[12] **charta**, -ae *f.*: Schriftstück
[13] **no 1**: schwimmen
[14] **pulso 1**: hart bedrängen; **navalis**, -e: See-...
[15] **deprimo 3**, depressi, depressum: versenken
[16] **regem … monitum** (*Part. conj.*), **ne … studeret** (*Subjekt* = **rex**)
[17] **experior 4**: versuchen
[18] **ilico** (*Adv.*): sofort
[19] **continuo** (*Adv.*): sogleich
[20] **et = etiam**; **deleo 2**: vernichten
[21] **caesa referuntur = dicuntur caesa esse**
[22] **duodecim**: zwölf
[23] **quingenti**, -ae, -a: 500
[24] **insilio 4**: aufspringen
[25] **devolvo 3**, devolvi, devolutum: anspülen
[26] **indicio** + *Gen.*: anhand + *Gen.*
[27] **lorica**, -ae *f.*: Brustpanzer
[28] **desperatio**, desperationis *f.*: Hoffnungslosigkeit
[29] **compello 3**, compuli, compulsum: zwingen
[30] **Aegyptus**, i *f.*: Ägypten

VOCABULARIUM

Pharus, -i *m.*	Pharos (*Leuchtturm*)	**moneo 2**	mahnen
ingens (*Gen.*: ingentis)	gewaltig	**caedo 3**, cecīdi, caesum	töten
premo 3, pressi, pressum	bedrängen	**septuaginta**	siebzig
scapha, -ae *f.*	Boot	**navis longa**, navis longae *f.*	Kriegsschiff
qua (*Adv.*)	dort	**dedo 3**, dedidi, -ditum	ausliefern
mox (*Adv.*)	bald	**excipio 3**, excepi, -ceptum	aufnehmen (*auch*: ausnehmen)
gravo 1	beschweren	**neco 1**	töten
certamen, certaminis *n.*	Wettstreit (*hier*: Schlacht)	**aureus**, -a, -um	golden
felicitas, felicitatis *f.*	Glück	**praemitto 3**, praemisi, -missum	voraus-schicken
classis, classis *f.*	Flotte	**deditio**, deditionis *f.*	Kapitulation
regius, -a, -um	königlich		
Alexandrinus, -i *m.*	Bewohner Alexandrias		

Alexandria

Alexandria wurde von Alexander dem Großen im Nildelta gegründet und nach dessen Tod Residenz der Ptolemäer. Hier lebte bis zu einer halben Million Menschen in fünf Wohnbezirken. Auf der Insel ***Pharos****, die durch einen Damm mit dem Festland verbunden war, stand ein riesiger Leuchtturm, der ebenfalls Pharos hieß und zu den sieben Weltwundern gezählt wurde, bis er während eines Erdbebens 1326 in sich zusammenstürzte. Zu den berühmtesten Bauwerken Alexandrias gehörte auch die* ***Bibliothek****, in Nachbarschaft des Museion, der Alexandrinischen Universität. Der Bücherbestand soll einige 100.000 Bände umfasst haben. Ob sie tatsächlich während des Aufenthalts Cäsars abgebrannt ist, ist umstritten.*

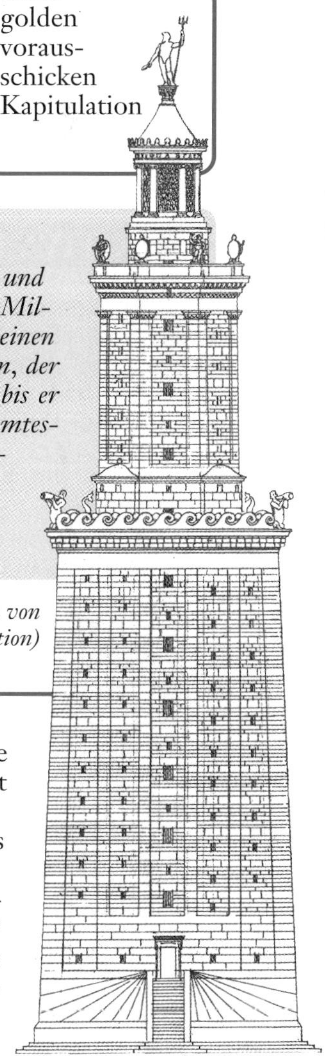

Pharos, der Leuchtturm von Alexandria (Rekonstruktion)

ACTIVA ET CONTEMPLATIVA

- Wie ist Caesars Lage im Verlauf der Kämpfe in Alexandria? Wie versucht er sich der Übermacht zu erwehren? Welche Folgen hat dies?
- Wodurch gerät Caesar selbst in Gefahr und wie entkommt er? Was ist dabei bemerkenswert?
- Welchen Ausgang nimmt der Kampf? Was ist laut Orosius das ausschlaggebende Moment dabei (Vergleiche dazu den letzten Satz)? Welches Schicksal ereilt Ptolemäus, den Ägypterkönig? Welche Parallele ergibt sich hier zu Caesar? Was macht dabei aber offensichtlich den Unterschied aus?
- Was tut Caesar nach Beendigung der Kämpfe?

Cäsars Glück ...[1]

Dilexit[2] (...) maxime Cleopatram: Cum quā et convivia[3] in primam lucem saepe protraxit[4] et eādem nave, thalamego[5], paene Aethiopiā[6] tenus[7] Aegyptum penetravit[8], nisi exercitus sequi recusasset[9]. Quam denique accitam[10] in urbem non nisi maximis honoribus praemiisque auctam remisit[11] filiumque natum appellare nomine suo passus est.

... und Ende

Caesar Romam rediit. Ubi dum rei publicae statum contra exempla maiorum clementer instaurat[12], auctoribus Bruto[13] et Cassio[13], conscio etiam plurimo senatu, in curiā viginti et tribus vulneribus confossus[14] interiit.

ACTIVA ET CONTEMPLATIVA

Diese Münze ließ der Cäsarenmörder Brutus im Osten prägen. Sie zeigt die Freiheitsmütze (die so genannte „Phrygische" Mütze, die Sklaven bei ihrer Freilassung erhielten) und zwei Dolche, darunter die Aufschrift **EID**<US> (= IDUS) **MAR**<TIAE>.

Brutus und die Freiheitsmütze sind als Symbole nicht untergegangen.

- Die „Marianne", die Verkörperung der Französischen Revolution, trug ebenfalls eine Freiheitsmütze. Sucht nach Abbildungen (Internet, Lexikon).
- Sucht nach Staatswappen und Münzen, die die Freiheitsmütze beinhalten.
- Auch Comic-Figuren wurden schon mit der Freiheitsmütze ausgestattet. Warum wohl?

[1] *Der Text stammt aus: C. Suetoni Tranquilli quae supersunt omnia (Teubner, Leipzig 1904)*, Caesar 52
[2] **diligo 3**, dilexi, -lectum: lieben; *Subj. ist Caesar*
[3] **convivium**, -i *n.*: Gelage
[4] **protraho 3**, protraxi, -tractum **in** + *Akk.*: dauern lassen bis
[5] **thalamegos**, -i *m.*: Thalamegos (*Prachtschiff*)
[6] **Aethiopia**, -ae *f.*: Äthiopien
[7] **tenus** *nach Abl.*: bis nach
[8] **penetro 1**: vordringen in; *übersetze* **paene ... penetravit** *als Irreal*
[9] **recusasset = recusavisset**
[10] **accio 4**: herbeiholen; **in urbem = Romam**
[11] **remitto 3**, remisi, -missum: zurückschicken
[12] **instauro 1**: erneuern
[13] **Marcus Iunius Brutus**, -i *m.*, **C. Cassius**, -i *m.*, *die Anführer der Verschwörung gegen Caesar*
[14] **confodio 3**, confodi, -fossum: durchbohren

Lawrence Alma Tadema (1836-1912), Mark Anton und Cleopatra (Ölgemälde, um 1883)

Kleopatras Tod

Nach Caesars Tod verführt Kleopatra dessen General Marcus Antonius, einen von Roms neuen Machthabern. An seiner Seite unterliegt sie 30 v. Chr. in der Seeschlacht von Actium Octavian, dem späteren Kaiser Augustus. Als Marcus Antonius Selbstmord begeht, sucht Kleopatra Octavian auf …

Regina ad pedes Caesaris[1] provoluta[2] tentavit[3] oculos ducis. Frustra: Nam pulchritudo[4] infra[5] pudicitiam[6] principis fuit. Nec illa de vitā, quae offerebatur, sed de parte regni laborabat[7]. Quod ubi desperavit a[8] principe servarique se triumpho[9] vidit, incautiorem[10] nacta custodiam in Mausoleum se – sepulcra[11] regum sic vocant – recepit. Ibi maximos, ut solebat, induta[12] cultūs[13], in differto[14] odoribus[15] solio, iuxta suum[16] se collocavit Antonium; admotisque[17] ad venas[18] serpentibus, sic morte quasi somno soluta est.

[1] *Octavian hieß seit seit seiner Adoption durch seinen Onkel auch Caesar*
[2] **provolvor 3**, provolutus sum: sich wälzen
[3] **tento 1 = tempto 1**
[4] **puchritudo** *hier*: Sinn für Schönheit
[5] **esse infra** + *Akk*.: unterhalb sein von = weniger gelten als
[6] **pudicitia**, -ae *f*.: Sittenstrenge
[7] **laboro 1** de + *Abl*.: sich mühen um
[8] **a** + *Abl*.= **de** + *Abl*.
[9] **triumphus**, -i *m*.: Triumphzug
[10] **incautus**, -a, -um: unachtsam
[11] **sepulcrum**, -i *n*.: Grab
[12] **indutus**, -a, -um + *Akk*.: bekleidet mit
[13] **cultus**, cultus *m*. *hier*: Prachtgewand
[14] **differtus**, -a, -um: vollgestopft
[15] **odores**, odorum *m*. *Pl*.: Räucherwerk
[16] **suum** gehört zu **Antonium**
[17] **admoveo 2**, admovi, admotum: hinlegen
[18] **vena**, -ae *f*.: Ader

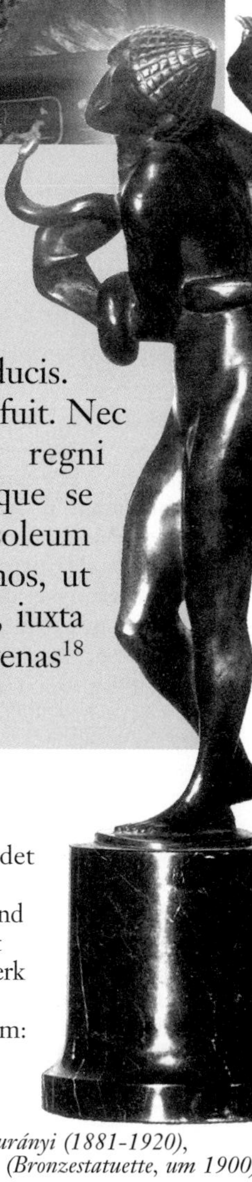

Gyula Murányi (1881-1920), Cleopatra (Bronzestatuette, um 1900)

Karl der Große: ein stattlicher Mann

Karl, König der Franken 768-814, Kaiser 800-814, führte das Reich der Franken zu seinem ersten Höhepunkt.

Corpore fuit amplo atque robusto[1], staturā eminenti, quae tamen iustam[2] non excederet – nam septem suorum pedum proceritatem[3] eius constat habuisse mensuram[4] –, apice[5] capitis rotundo[6], oculis praegrandibus[7] ac vegetis[8], naso[9] paululum mediocritatem[10] excedenti, canitie[11] pulchrā, facie laetā[12] et hilari[13]. Unde formae auctoritas ac dignitas tam stanti quam sedenti plurima adquirebatur[14]; quamquam cervix[15] obesa[16] et brevior venterque[17] proiectior[18] videretur, tamen haec ceterorum membrorum celabat[19] aequalitas[20]. Incessu[21] firmo[22] totāque corporis habitudine[23] virili; voce clarā[24] quidem, sed quae minus corporis formae conveniret[25].

1 **robustus**, -a, -um: stark
2 **iustus**, -a, -um: gebührend; **iustam … mensuram**
3 **proceritas**, proceritatis *f.*: hoher Wuchs, Länge; *ordne*: **nam constat proceritatem eius habuisse mensuram septem suorum pedem**
4 **mensura**, -ae *f.*: Maß, Abmessung
5 **apex** (*Gen.*: apicis, *m.*) **capitis**: Schädeldecke
6 **rotundus**, -a, -um: rund
7 **praegrandis**, -e: sehr groß
8 **vegetus**, -a, -um: lebhaft
9 **nasus**, -i *m.*: Nase
10 **mediocritas**, mediocritatis *f.*: Mittelmaß
11 **canities**, canitiei *f.*: graues Haar
12 **laetus**, -a, -um: fröhlich
13 **hilaris**, -e: heiter
14 **adquiro 3**: dazu gewinnen
15 **cervix**, cervicis *m.*: Nacken
16 **obesus**, -a, -um: feist
17 **venter**, ventris *m.*: Bauch
18 **proiectus**, -a, -um: hervor tretend
19 **celo 1**: verbergen
20 **aequalitas**, aequalitatis *f.*: Gleichmäßigkeit
21 **incessus**, incessus *m.*: Gang
22 **firmus**, -a, -um: fest; *ergänze*: **fuit**
23 **habitudo**, habitudinis *f.*: Haltung
24 **clarus**, -a, -um: hell
25 **convenio 4**: passen zu

VOCABULARIUM

statura, -ae *f.*	Wuchs, Gestalt	**forma**, -ae *f.*	Gestalt
emineo 2, -ui, –	heraus ragen	**dignitas**, dignitatis *f.*	Würde
excedo 3, excessi, -cessum	überschreiten	**sedeo 2**, sedi, –	sitzen
constat (+ *AcI*)	es steht fest	**quamquam**	obwohl
paululus, -a, -um	wenig, klein	**membrum**, -i *n.*	Glied
facies, faciei *f.*	Gesicht	**virilis**, -e	männlich
unde (*nach Punkt, Strichpunkt, Doppelpunkt*)	daher	**minus** (*Adv.*)	weniger

ACTIVA ET CONTEMPLATIVA

Während aus der Antike durchaus realistische Porträts erhalten sind, existieren von Herrscherpersönlichkeiten des frühen Mittelalters hauptsächlich Abbildungen, die einen bestimmten **Typ** verkörpern, die Würde des Amtes und positive Eigenschaften hervorheben sollen. Literarisch knüpfte man vielfach an **antike Traditionen** an, z. B. an die Biographien Alexanders oder Hannibals, zweier bewunderter Feldherren.

- Überlegt, ob die Person auf dem Reiterstandbild rechts in Aussehen und Haltung irgendetwas von der Beschreibung Karls des Großen durch Einhard zeigt.
- Welche Kunstgriffe wendet der Autor an, um Karl trotz mancher (körperlicher) Mängel vorteilhaft erscheinen zu lassen?
- Könntet ihr nach der Beschreibung eine Zeichnung oder auch Karikatur erstellen?

Links: das Vorbild für die meisten Reiterstandbilder des Mittelalters und der frühen Neuzeit steht auf dem Kapitol in Rom. Es stellt Kaiser Marc Aurel dar (2. Jhdt. n. Chr.).

Rechts: Reiterstandbild Karl des Großen (um 870 entstanden). Auch sein Schöpfer hat offensichtlich Anleihen am antiken Modell links genommen.

Die Lebensweise des Kaisers

Valetudine prosperā[1], praeter quod, antequam[2] decederet[3], per quattuor annos crebro febribus[4] corripiebatur[5], ad extremum etiam uno pede claudicaret[6]. Et tunc quidem plura suo arbitratu[7] quam medicorum[8] consilio faciebat, quos poene[9] exosos[10] habebat, quod ei in cibis assa[11], quibus assuetus[12] erat, dimittere et elixis[13] adsuescere[14] suadebant[15]. Exercebatur assidue equitando[16] ac venando[17]; quod illi gentilicium[18] erat, quia vix ulla in terris natio invenitur, quae in hac arte Francis[19] possit aequari[20]. Delectabatur etiam vaporibus[21] aquarum naturaliter calentium[22], frequenti[23] natatu[24] corpus exercens; cuius adeo peritus[25] fuit, ut nullus ei iuste[26] valeat[27] anteferri[28]. Ob hoc etiam Aquisgrani[29] regiam exstruxit[30] ibique extremis vitae annis usque ad obitum perpetim[31] habitavit. Et non solum filios ad balneum[32], verum optimates[33] et amicos, aliquando etiam satellitum et custodum corporis turbam[34] invitavit, ita ut nonnumquam[35] centum vel eo[36] amplius homines unā[37] lavarentur[38].

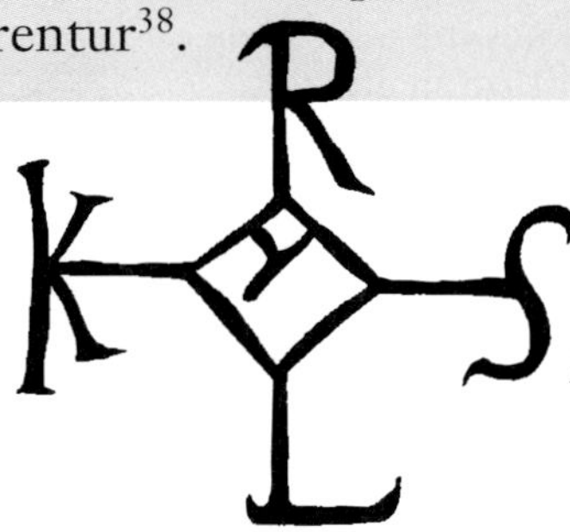

Karls Siegel

[1] *Ergänze*: **fuit**
[2] **antequam**: bevor
[3] **decedo 3**: sterben
[4] **febris**, febris *f.*: Fieber
[5] **corripio 3**: befallen
[6] **claudico 1**: hinken; **claudicaret** *Konj. statt Ind.*
[7] **arbitratus**, arbitratus *m.*: Gutdünken
[8] **medicus**, -i *m.*: Arzt
[9] **poene** (*mittellat.*) = **paene**
[10] **exosus**, -a, -um: verhasst
[11] **assum**, -i *n.*: Braten
[12] **assuetus**, -a, -um (+ *Dativ*): gewöhnt an
[13] **elixus**, -a, -um: gekocht
[14] **adsuesco 3**: sich gewöhnen an
[15] **suadeo 2**: (an-)raten
[16] **equito 1**: reiten
[17] **venor 1**: jagen
[18] **gentilicium mihi est**: es liegt in meiner Familie
[19] **Franci**, -orum *m. Pl.*: die Franken
[20] **aequo 1** (*passiv*): gleichkommen
[21] **vapor**, vaporis *m.*: Dampf
[22] **caleo 2**: warm sein
[23] **frequens** (*Gen.*: frequentis): häufig
[24] **natatus**, natatus *m.*: das Schwimmen
[25] **peritus**, -a, -um: kundig, erfahren
[26] **iuste** (*Adv.*): gerechter Weise
[27] **valeat = possit**
[28] **antefero**, -fers, -ferre: vorziehen
[29] **Aquisgranum**, -i *n.*: Aachen (*deutsche Stadt, benannt nach dem kelt.-germ. Heilgott Grannus = Apollo, dem Schutzgott der dortigen Heilquellen*)
[30] **exstruo 3**, exstruxi, -structum: errichten
[31] **perpetim** (*Adv.*): ununterbrochen
[32] **balneum**, -i *n.*: Bad
[33] **optimates**, optimatium *m. Pl.*: Adelige
[34] **turba**, -ae *f.*: Schar
[35] **nonnumquam** (*Adv.*): manchmal
[36] **eo**: *Vergleichsablativ* (*von* **amplius** *abhängig*)
[37] **unā** (*Adv.*): zusammen
[38] **lavor 1**: baden

VOCABULARIUM

valetudo, valetudinis *f.*	Gesundheit(szustand)
prosperus, -a, -um	günstig, glücklich
crebro (*Adv.*)	häufig
extremus, -a, -um	der letzte
ad extremum	zuletzt
tunc (*Adv.*)	dann, damals
plures, plura *m./f./n.*	mehr(ere)
cibus, -i *m.*	Speise
exerceo 2, -ui, -itum	üben
assiduus, -a, -um	ständig
ullus, -a, -um	irgendein
delecto 1	erfreuen
naturalis, -e	natürlich
adeo (*Adv.*)	so sehr
regia, -ae *f.*	Königsburg, Pfalz
obitus, obitus *m.*	Tod
habito 1	wohnen
verum	sondern
aliquando (*Adv.*)	einmal; manchmal
satelles, satellitis *m.*	Gefolgsmann
custos, custodis *m.*	Wächter
invito 1	einladen

Der Teppich von Bayeux (11. Jhdt.) zeigt das Kochen von Fleisch im Kessel („hic coquitur caro“) und das Grillen auf dem Rost (rechts) als verschiedene Zubereitungsmethoden für Fleisch.

ACTIVA ET CONTEMPLATIVA

- Verfasst einen Artikel für eine Gesundheitszeitschrift über die Essgewohnheiten und sportlichen Aktivitäten des Kaisers.
- Forscht nach, wo es heute noch Heilbäder in der Nähe von Karls Pfalz Aachen gibt (Internet, Deutsche Fremdenverkehrszentrale …).
- Ein neuer Wellness-Tempel soll entstehen, wo Karl einst gebadet hat. Ihr seid Mitarbeiter einer Agentur, die die Promotion übernommen hat. Wie werdet ihr das neue Produkt nennen? An welche Schicht von Konsumenten werdet ihr herantreten? Welchen Bezug wird man zu Karl herstellen? Wird man versuchen, authentisch zu sein? Wenn ja, welche / wessen Hilfe benötigt man dazu?

Die Talente des Kaisers

Erat eloquentiā[1] copiosus[2] et exuberans[3] poteratque, quicquid vellet, apertissime exprimere[4]. Nec patrio tantum sermone contentus, etiam peregrinis linguis[5] ediscendis[6] operam impendit[7]. In quibus Latinam[8] ita didicit, ut aeque illā ac patriā linguā orare sit solitus, Grecam[9] vero melius intellegere quam pronuntiare[10]poterat. Adeo quidem facundus[11] erat, ut etiam dicaculus[12] appareret.

Artes liberales studiosissime[13] coluit, earumque doctores[14] plurimum veneratus magnis adficiebat honoribus. In discendā grammaticā[15] Petrum[16] Pisanum diaconem senem audivit, in ceteris disciplinis Albinum[17] cognomento Alcoinum, item diaconem, de Brittania[18] Saxonici[19] generis hominem, virum undecumque[20] doctissimum, praeceptorem[21] habuit, apud quem et rethoricae[22] et dialecticae[23], praecipue tamen astronomiae[24] ediscendae[6] plurimum et temporis et laboris inpertivit[25]. Discebat artem conputandi[26] et intentione[27] sagaci[28] siderum[29] cursum curiosissime[30] rimabatur[31]. Temptabat et[32] scribere tabulasque et codicellos[33] ad[34] hoc in lecto[35] sub cervicalibus[36] circumferre[37] solebat, ut, cum vacuum tempus esset, manum litteris effigiendis adsuesceret[38], sed parum successit labor praeposterus[39] ac sero[40] inchoatus.

1 **eloquentia**, -ae *f.*: Redekunst
2 **copiosus**, -a, -um: reich begabt mit
3 **exubero 1**: Überfluss haben
4 **exprimo 3**: ausdrücken
5 **lingua**, -ae *f.*: Sprache
6 **edisco 3**: genau lernen
7 **impendo 3**: aufwenden auf
8 **Latinam <linguam>**: die lateinische Sprache
9 **Grecus**, -a, -um (*mittellat.*) = **Graecus, -a, -um**
10 **pronuntio 1**: aussprechen
11 **facundus**, -a, -um: redegewandt
12 **dicaculus**, -a, -um: geschwätzig
13 **studiosus**, -a, -um: eifrig, interessiert
14 **doctor**, doctoris *m.*: Lehrer
15 **grammatica**, -ae *f.*: Sprachlehre, Philologie
16 **Petrus Pisanus** *m.*: Petrus von Pisa
17 **Albinus cognomento Alcoinus**: Alkuin
18 **Brittania**, -ae *f.*: England (*Schreibweise*!)
19 **Saxonicus**, -a, -um: (angel-)sächsisch
20 **undecumque** (*Adv.*): in jeder Beziehung
21 **praeceptor**, praeceptoris *m.*: Lehrer
22 **rhetorica**, -ae *f.*: Redekunst
23 **dialectica**, -ae *f.*: Fähigkeit, zu argumentieren
24 **astronomia**, -ae *f.*: Himmelskunde
25 **inpertio 4**: zuteilen
26 **conputo 1**: rechnen
27 **intentio**, intentionis *f.*: Aufmerksamkeit
28 **sagax** (*Gen.*: sagacis): scharfsinnig
29 **sidus**, sideris *n.*: Stern
30 **curiosus**, -a, -um: wissbegierig
31 **rimor 1**: erforschen
32 **et = etiam**
33 **codicellus**, -i *m.*: Büchlein
34 **ad hoc**: dazu
35 **in lecto = in lectum** (*Rektionsvertauschung, siehe S. 33*!)
36 **cervicale**, cervicalis *n.*: Polster
37 **circumfero**, -fers, -ferre: mit sich umhertragen
38 **adsuesco 3**: gewöhnen an
39 **praeposterus**, -a, -um: zur falschen Zeit
40 **sero** (*Adv.*) **inchoatus**, -a, -um: spät begonnen

VOCABULARIUM

quicquid *n.*	was auch immer
apertus, -a, -um	offen
patrius, -a, -um	einheimisch
sermo, sermonis *m.*	Rede(weise)
tantum (*Adv.*)	nur
contentus, -a, -um	zufrieden
peregrinus, -a, -um	fremd
opera, -ae *f.*	Mühe
disco 3, didici, –	lernen
aequus, -a, -um **ac**	gleich wie
oro 1	reden
melius (*Adv.*)	besser
adeo (*Adv.*)	so sehr
appareo 2, -ui, –	sich zeigen
liberalis, -e	edel
colo 3, colui, cultum	pflegen
veneror 1	verehren
adficio 3, adfeci, -fectum	behandeln
diacon, diaconis *m.*	Kirchendiener, Diakon
senex, senis *m.*	alter Mann
cognomentum, -i *n.*	Beiname
item (*Adv.*)	ebenso
praecipuus, -a, -um	besonders
cursus, cursus *m.*	Bahn
tempto 1	versuchen
tabula, -ae *f.*	Schreibtafel
lectus, -i *m.*	Bett
vacuus, -a, -um	frei
effigio 3	formen
parum (*Adv.*)	zu wenig
succedo 3, successi, -cessum	Erfolg haben (*auch*: nachfolgen)

Die karolingische Renaissance

Karl sammelte die geistige Elite seiner Zeit um sich. Aus England, Irland, Spanien und Italien kamen seine Hofgelehrten: Albinus, genannt ***Alkuin von York****, der Leiter seiner „Hochschule“;* ***Paulus Diaconus****, der Geschichtsschreiber der Langobarden;* ***Petrus von Pisa****;* ***Einhard****, sein späterer Biograph. Seine* ***Schola Palatina*** *(Palastschule) in Aachen wurde Vorbild für Dom- und Klosterschulen im ganzen Reich. Diese vermittelten klassisch-antike und christliche Literatur und Traditionen durch die* ***Artes liberales*** *– die eines freien Mannes würdigen Studien: Grammatik, Rhetorik, Dialektik („Trivium“) sowie Arithmetik, Geometrie, Astronomie und Musik („Quadrivium“).*

Der Dom zu Aachen, romanisch-gotisch, 8. bis 12. Jhdt.

Die Grabinschrift Karls in Aachen

SUB HOC CONDITORIO[1] SITUM EST CORPUS KAROLI MAGNI ATQUE ORTHODOXI[2] IMPERATORIS, QUI REGNUM FRANCORUM[3] NOBILITER AMPLIAVIT[4] ET PER ANNOS XLVII FELICITER REXIT[5]. DECESSIT[6] SEPTUAGENARIUS[7] ANNO DOMINI DCCCXIIII, INDICTIONE[8] VII, V. KAL. FEBR.

Zeitrechnung im Mittelalter

Während man bis ans Ende der Antike nach der so genannten Diokletianischen Ära rechnete (ab Regierungsbeginn des römischen Kaisers Diokletian, dem 29. August 284 n. Chr.), wurden ab dem 8. Jahrhundert historische Ereignisse nach Christi Geburt datiert (anno [ab incarnatione[9]] domini [nostri Iesu Christi], anno salutis[10] *u. ä.*). *Diese Zählweise geht auf den Mönch Dionysius Exiguus zurück, der 532 das Geburtsjahr Christi zu berechnen versuchte.*

Im Mittelalter erfolgten daneben auch Angaben nach den Regierungsjahren von Königen und Kaisern sowie, einer antiken Tradition folgend, nach der Indiktion, einem fünfzehn Jahre dauernden Steuerzyklus (**indictione VII**: im siebenten Jahr des laufenden Zyklus). *Das Datum orientierte sich bis in die Zeit der Humanisten mit der Angabe der Stichtage an der Antike; dann setzte sich die heute noch immer übliche Durchnummerierung der Tage innerhalb eines Monats durch.*

Sarkophag Karls des Großen im Dom zu Aachen, vollendet um 1215

[1] **conditorium**, -i *n.*: Grabmal
[2] **orthodoxus**, -a, -um: rechtgläubig; *Karl wurde 1165 heilig gesprochen.*
[3] **Franci**, -orum *m. Pl.*: die Franken
[4] **amplio 1**: vergrößern
[5] **rego 3**, rexi, rectum: lenken, leiten
[6] **decedo 3**, decessi, –: sterben
[7] **septuagenarius**, -a, -um: siebzigjährig
[8] **indictio**, indictionis *f.*: Indiktion (*Steuerzyklus von 15 Jahren*); *die Jahreszahl gibt das Jahr innerhalb des laufenden Zyklus an.*
[9] **incarnatio**, incarnationis *f.*: Menschwerdung
[10] **salus**, salutis *f.*: Heil

VOCABULARIUM

situs, -a, -um	begraben (*eigtl.*: gelegen)	**felix** (*Gen.*: felicis)	glücklich

Karls Außenpolitik

Auxit etiam gloriam regni sui quibusdam regibus ac gentibus per amicitiam sibi conciliatis. (...) Cum Aaron[1] rege Persarum, qui exceptā Indiā totum poene[2] tenebat orientem, talem habuit in amicitiā concordiam, ut is gratiam eius omnium[3], qui in toto orbe terrarum erant, regum ac principum amicitiae praeponeret solumque illum honore ac munificentiā sibi colendum iudicaret; ac proinde, cum legati eius[4], quos cum donariis ad sacratissimum Domini ac salvatoris nostri sepulchrum locumque resurrectionis miserat, ad eum[5] venissent et ei domini sui voluntatem indicassent, non solum, quae[6] petebantur, fieri permisit, sed etiam sacrum illum et salutarem locum, ut illius potestati adscriberetur, concessit; et revertentibus legatis suos adiungens inter vestes et aromata et ceteras orientalium terrarum opes ingentia illi dona direxit[7], cum ei[8] ante paucos annos eum[9], quem tunc solum habebat, roganti mitteret elefantum.

Dieses Mosaik in der römischen Kirche San Giovanni in Laterano ist kurz nach der Kaiserkrönung im Jahr 800 entstanden und spiegelt Rang und Bedeutung Karls wider: auf gleicher Stufe mit Papst Leo III. (links) sitzt er rechts zu Füßen des hl. Petrus.

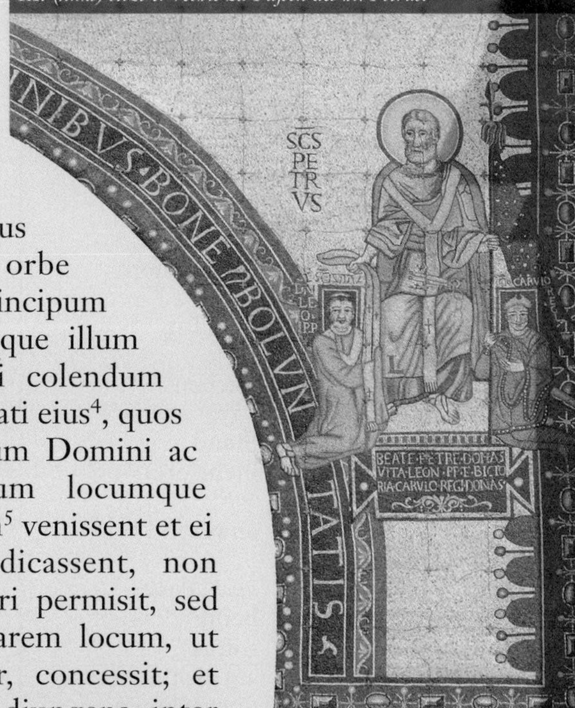

[1] **Aaron**: Harun al-Raschid (*Kalif, 786-809, bekannt aus „1001 Nacht“*)
[2] **poene = paene**
[3] *Ordne*: **ut is gratiam eius amicitiae omnium regum ac principum, qui in toto orbe terrarum erant, praeponeret**
[4] **eius = Karoli**
[5] **ad eum = ad regem Persarum**
[6] **quae = ea, quae**
[7] **dirigo 3 = mitto 3**
[8] **ei ... roganti**
[9] **eum ... elefantum**

Wichtige Vokabel und Namen

Wichtige Vokabel

absque (+ *Abl.*)	ohne
adicio 3, adieci, -iectum	hinzufügen
advenio 4	ankommen
beatus, -a, -um	selig, heilig
Caesar, Caesaris *m.*	*auch:* Kaiser; König
comitatus, comitatus *m.*	Gefolge; *auch:* Grafschaft
coniunx, coniugis *m.* / *f.*	Gatte, Gattin
dum (+ *Ind.* / *Konj.*; *oft* = **cum**)	als, solange
dux, ducis *m.*	*auch*: Herzog
hic (*Adv.*)	hier
igitur	daher
imperator, imperatoris *m.*	*auch*: Kaiser
ingens (*Gen.*: ingentis)	gewaltig
obeo, -is, -ire, obii, -itum	sterben
ordo, ordinis *m.*	Stand
plures, plura *m.* / *f.* / *n.*	mehr(ere)
praesens (*Gen.*: praesentis)	anwesend
quod	*auch*: dass
sanctus, -a, -um	heilig
statim (*Adv.*)	sofort
suscipio 3, suscepi, -ceptum	auf sich nehmen; übernehmen
tunc (*Adv.*)	dann, damals
vicinia, -ae *f.*	Nähe, Nachbarschaft

Wichtige Namen

Austria, -ae *f.*	Österreich
Austriacus, -a, -um	österreichisch
Bawaria, -ae *f.*	Bayern
Bohemia, -ae *f.*	Böhmen
Carinthia, -ae *f.*	Kärnten
Danuvius, -i *m.*	Donau
Styria, -ae *f.*	Steiermark
Tyrolis, Tyrolis *f.*	Tirol
Vienna, -ae *f.*	Wien
Viennensis, -e	aus Wien
Christus, -i *m.*	Christus
Florianus, -i *m.*	Florian
Fridericus, -i *m.*	Friedrich
Heinricus, -i *m.*	Heinrich
Leopoldus, -i *m.*	Leopold
Ludovicus, -i *m.*	Ludwig
Maria, -ae *f.*	Maria
Maximilianus, -i *m.*	Maximilian
Othocarus, -i *m.*	Ottokar
Rudolphus, -i *m.*	Rudolf
Severinus, -i *m.*	Severin

AUSTRIA LATINA

Steine, Quellen und Legenden

Die Romanisierung Österreichs

Für die Eroberung Germaniens bis zur Elbe sollten nach den Plänen des Augustus (63 v.-14 n. Chr.) Nachschub- und Aufmarschwege durch den Alpenraum verlaufen. So kam es zur Einrichtung der Provinz **Raetia** im Westen des heutigen Österreich (**15 v. Chr.**) und zur Eroberung **Pannoniens (12 v. Chr.)**. Das dazwischen liegende keltische Königreich **Noricum** (Zentrum: Magdalensberg bei Klagenfurt) war durch einen Freundschaftsvertrag an die Römer gebunden. Über den genauen Zeitpunkt der Annexion wissen wir nicht Bescheid, doch dürfte sie nicht kriegerisch verlaufen sein. Um den Raum nördlich der Donau zu sichern, wollten die Römer das **Reich der Markomannen** unter Marbod (in Böhmen) zerschlagen.

***Velleius Paterculus** schrieb in seiner **Historia Romana** (1. Hälfte des 1. Jahrhunderts) über Tiberius, den Adoptivsohn und Feldherrn des Kaisers Augustus (2. Buch c.109, 5):*

Hunc virum (= Maroboduum[1]) et hanc regionem proximo anno diversis e partibus Ti. Caesar[2] adgredi statuit. Sentio[3] Saturnino mandatum <est>, ut per Cattos[4] ... legiones Boiohaemum[5] (id regioni, quam incolebat Maroboduus, nomen est) duceret, ipse[6] a Carnunto[7], qui locus Norici[8] regni proximus[9] ab hac parte erat, exercitum, qui in Illyrico[10] merebat[11], ducere in Marcomannos[12] orsus[13] est.

Durch einen **Aufstand der Pannonier** (6-9 n. Chr.) kam dieses Vorhaben nicht zur Durchführung, und durch die fast gleichzeitige Niederlage des **Feldherrn Varus** gegen die Germanen 9 n. Chr. in Norddeutschland mussten die ursprünglichen Ziele der Germanienpolitik fallen gelassen werden. Augustus' Stiefsohn Tiberius operierte gegen die Markomannen von **Carnuntum** aus, doch wissen wir nichts über die genaue Lage seines militärischen Stützpunktes (das **keltische** Carnuntum lag auf einem Hügel in der Slowakei).

[1] **Maroboduus**, -i *m.*: Marbod (*Anführer der Markomannen*)
[2] **Ti. Caesar**: Tiberius Caesar = Tiberius
[3] **Sentius Saturninus** *m.*: Sentius Saturninus (*röm. Offizier*)
[4] **Catti**, -orum *m. Pl.*: die Chatten (*germ. Stamm in Hessen*)
[5] **Boiohaemum**, -i *n.*: Böhmen; *Akk.* = **in** + *Akk.*
[6] **ipse = Tiberius**
[7] **Carnuntum**, -i *n.*: Carnuntum (*heute: Petronell an der Donau, östliches NÖ*)
[8] **Noricum regnum**: das keltische Königreich Noricum
[9] **proximus**, -a, -um: *hier mit Genitiv* (wem?)
[10] **Illyricum**, -i *n.*: Illyrien (*röm. Provinz an der dalmatinischen Küste*)
[11] **mereo 2**: dienen
[12] **Marcomanni**, -orum *m. Pl.*: die Markomannen
[13] **ordior 4**, orsus sum: beginnen

VOCABULARIUM

regio, regionis *f.*	Gebiet	**statuo 3**, statui, statutum	festsetzen
diversus, -a, -um	verschieden		
adgredior 3, adgressus sum	angreifen		

Unter Kaiser **Claudius** (41-54 n. Chr.) entstand das erste in Holzbauweise errichtete Lager an der Donau, wahrscheinlich erst in der 2. Hälfte des 1. Jahrhunderts ein aus Stein gebautes Legionslager in Carnuntum sowie ein Lager in Wien. Rhein und Donau wurden ab nun systematisch durch Lager und Wachtürme als Grenze des **imperium Romanum** befestigt, *zwischen* den beiden Flüssen im süddeutschen Raum der **Limes**, ein befestigter Grenzwall, angelegt. Heute verwendet man den Begriff Limes allgemein für eine befestigte Grenze im römischen Reich und spricht auch vom Limes *an* Rhein und Donau. Zur weiteren Sicherung der Donaugrenze im heutigen Österreich gab es römische Stellungen nördlich der Donau bis weit hinein ins Weinviertel. Der Donau-Limes bestand 400 Jahre. Im 5. Jahrhundert begann die Macht des weströmischen Reiches an den nördlichen Grenzen rasch abzubröckeln, bedingt durch den Andrang der Germanen und durch die Unterwanderung des Militärs durch germanische Söldner.

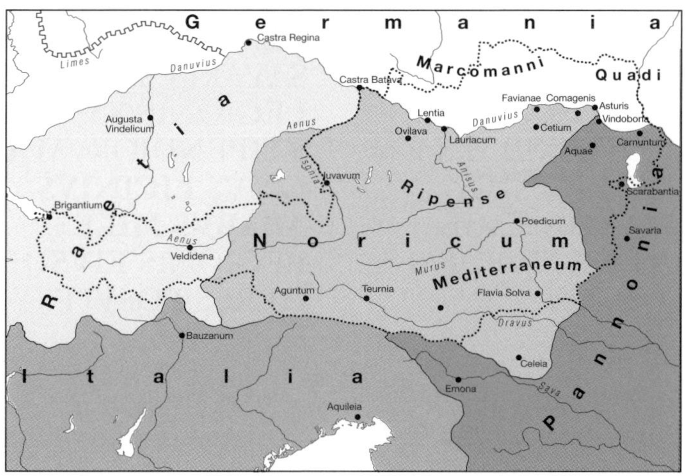

Mit römischen Soldaten, Siedlern und Kaufleuten zog auch **römische Lebensart** in den Alpen- und Donauraum ein, soweit dies durch die geographischen und vor allem klimatischen Bedingungen möglich war. Durch die Verwaltung fanden das römische Recht und die lateinische Sprache Verbreitung. Die Menschen brachten aber auch ihre religiösen Vorstellungen, ihre Technik und Handwerkstraditionen sowie ihre Essgewohnheiten und Kulturpflanzen mit. Schließlich gelangte auch das Christentum über diese Wege in den Alpen- und Donauraum.

Wenn auch manches in den Wirren der Völkerwanderung verloren ging, beweisen doch noch immer eindrucksvolle Zeugnisse verschiedener Art den einstigen Einfluss des Mittelmeerraums und des Orients in unseren Breiten.

Inschriften als Spuren der Romanisierung

Die folgende Grabinschrift stammt aus Virunum, der Hauptstadt der Provinz Noricum; sie befindet sich an einer Hausmauer in Maria Saal bei Klagenfurt.

IVL VICTOR
V F SIBI ET SISIAE
CON ET RESTITVTO
PERSICI F AN XV

Die Inschrift lautet mit Ergänzung aller Abkürzungen:

IVLIVS VICTOR[1]
VIVUS **F**ECIT[2] **SIBI ET SISIAE**[3]
CONIVGI **ET RESTITVTO**[4]
PERSICI[4] **F**ILIO **AN**NORVM **XV**

Die folgende Grabinschrift befindet sich im Museum Carnuntinum:

Q IVLIVS Q FILIVS	**Q**VINTVS[5] **IVLIVS Q**VINTI **FILIVS**
CLA PROCV	**CLA**VDIA[6] <TRIBV> **PROCVLVS**[5]
LVS SAV MIL	**SAV**ARIA[7] **MIL**ES
LEG XV APOL	**LEG**IONIS **XV**[8] **APOL**LINARIS
STIP XIII H S E	**STIP**ENDIORVM **XIII H**IC **S**ITVS **E**ST
C LICINIVS	**G**AIVS **LICINIVS**
ARABVS MIL	**ARABVS MIL**ES
LEG EIVSDEM	**LEG**IONIS **EIVSDEM**
H P	**H**ERES **P**OSVIT[2]

[1] **Iulius Victor**: *männlicher Eigenname*
[2] *Ergänze*: „diesen Grabstein"
[3] **Sisia**: *weiblicher Eigenname*
[4] **Persicus, Restitutus**: *männliche Eigennamen*
[5] *Der Name des Bestatteten lautet*: **Quintus Iulius Proculus**
[6] **Claudia tribu**: aus der Tribus Claudia. *Jeder röm. Bürger musste in einer Tribus eingetragen sein, einem traditionell festgesetzten Bezirk in Rom.*
[7] **Savaria**, -ae *f.*: Savaria (*Stadt in Pannonien, heute Szombathely in Ungarn*). *Zu* **Savariā** (*Ablativ*!) *ergänze* **natus** *oder* **ortus** „stammend aus"
[8] *Die 15. Legion mit dem Beinamen Apollinaris war lange in Carnuntum stationiert.*

VOCABULARIUM

stipendium, -i *n.*	Sold; Dienstjahr	**heres**, heredis *m.*	Erbe
situs, -a, -um	begraben (*eigtl.*: gelegen)		

ACTIVA ET CONTEMPLATIVA

Aus Grabinschriften erfahren wir viele Details über das Privat- und Berufsleben der ortsansässigen Bevölkerung. Beantworte nach dem Übersetzen der *ersten* Inschrift folgende Fragen:

- Wer hat den Grabstein in Auftrag gegeben?
- Wer wurde in dem Grab bestattet?
- War der Auftraggeber verheiratet?
- Wer lebte noch, als der Grabstein in Auftrag gegeben wurde, wer nicht?
- Woraus können wir das schließen?

Die *zweite* Inschrift führt uns in die Welt des Militärs. Folge den Zeilen der Inschrift und stelle fest, welche Informationen wir im Detail bzw. formelhaft erhalten.

DER BESTATTETE	Name	
	Abstammung	
	Tribus	
	Geburtsort	
	Dienstgrad	
	Einheit	
	Dienstalter	
	Formel	H S E =
DER STIFTER	Name	
	Dienstgrad	
	Einheit	
	Verhältnis zum Toten	
	Formel	H P =

- Was erfahren wir *nicht* über Iulius Proculus? Ist es denkbar, dass der Stifter des Grabsteins diese Information selbst nicht hatte?
- Recherchiere im Internet: in der Web-Datenbank „VBI ERAT LVPA“ (www.ubi-erat-lupa.org) findest du viele weitere römische Inschriften aus deiner Heimat, mit zahlreichen Kommentaren, Bildergalerien und Themenpfaden, die in die Bilderwelt und Kulturgeschichte des römischen Österreich einführen. Folge der Internet-Fährte der römischen Wölfin …

Das Martyrium des heiligen Florian[1]

Während Christenverfolgungen im römischen Reich sonst zumeist regional begrenzt geblieben waren, versuchte Kaiser Diokletian Anfang des 4. Jhdt.s n. Chr. das Christentum reichsweit auszulöschen. Auch in unseren Breiten erlitten daraufhin bekennende Christen wie der Offizier Florian das Martyrium[2]:

In diebus Diocletiani[3] et Maximiani imperatorum facta est persecutio[4] Christianorum. Quando diversis agonibus[5] concertantes[6] Christiani devotā[7] mente pro domino supplicia[8] sustinebant, ut promissionibus[9] Christi participes efficerentur. Cum venisset ergo sacrilegorum[10] principum praeceptio[11] apud[12] Noricum[13] Ripensem, administrante Aquilino[14] praeside[15], qui veniens in castrum[16] Lauriacense[17] coepit vehementer inquirere[18] Christianos, comprehensi et[19] sunt sanctorum non minus quam quadraginta, qui diutissime[20] concertantes[6] multis suppliciis[8] cruciati[21] missi sunt in carcerem. Ad quorum confessionem[22] beatus Florianus[23] gaudens[24] successit. Audiens autem tanta fieri in Lauriaco[25] dixit ad suos: "Oportet me Lauriaco[26] ire et ibidem[27] pro nomine Christi diversa supplicia[8] sustinere."

(Fortsetzung auf Seite 78)

1 *Der Text stammt aus: Willibrod NEUMÜLLER, Der heilige Florian und seine Passio. In: MOÖLA 10 (1971) S. 1-35.*
2 *Florian starb am 4. Mai 304.*
3 *Diokletian und Maximinian waren Anfang des 4. Jhdt.s n. Chr. im neuen System der Vierkaiserherrschaft* (Tetrarchie) *Oberkaiser* (Augusti). *Unterkaiser* (Caesares) *waren Constantius und Galerius.*
4 **persecutio,** persecutionis *f.*: Verfolgung
5 **agon,** agonis *m.*: Martyrium (*eigentl.*: Wettkampf)
6 **concerto 1**: um die Wette kämpfen
7 **devotus**, -a, -um: demütig
8 **suppliclium**, -i *n.*: Bestrafung
9 **promissio**, promissionis *f.*: Verheißung
10 **sacrilegus**, -a, -um: gottlos
11 **praeceptio**, praeceptionis *f.*: Befehl
12 **apud** + *Akk. hier*: nach
13 **Noricum Ripense**: Ufernorikum (*röm. Provinz an der Donau*)
14 **Aquilinus**, -i *m.*: Aquilinus (*röm. Eigenname*)
15 **praeses**, praesidis *m.*: Statthalter
16 **castrum**, -i *n.*: Kastell
17 **Lauriacensis**, Lauriacense: von Lorch (*Ort in Oberösterreich*)
18 **inquiro 3**: aufspüren
19 **et = etiam**
20 **diutissime** (*Adv.*): sehr lang
21 **crucio 1**: peinigen
22 **confessio**, confessionis *f.*: Bekenntnis
23 **Florianus**, -i *m.*: Florian
24 **gaudeo 2**: sich freuen
25 **Lauriacum**, -i *n.*: Lauriacum (*heute* Lorch *in Oberösterreich*)
26 **Lauriaco** (*Zieldativ*) = nach Lauriacum
27 **ibidem** (*Adv.*): ebendort

VOCABULARIUM

Christianus, -i *m.*	Christ
quando	wann (*hier*: damals)
diversus, -a, -um	verschieden
particeps (*Gen.*: participis) + *Gen.* (*hier*: + *Dat.*)	teilhaftig
efficio 3, effeci, effectum	bewirken (*hier*: werden)
ergo	also
administro 1	(ver)walten
vehemens (*Gen.*: vehementis)	heftig
comprehendo 3, comprehendi, -prehensum	erfassen
minus (*Adv.*)	weniger
carcer, carceris *m.*	Kerker
quadraginta (*indekl.*)	vierzig
succedo 3, successi, successum	nachfolgen (*auch*: Erfolg haben)
oportet 2, oportuit, –	es ist nötig

Christenverfolgungen

Das römische Imperium war an sich gegenüber fremden Kulten durchaus offen und aufgeschlossen. Die Staatsmacht begann nur dann einzuschreiten, wenn aus ihrer Sicht die öffentliche Ordnung bzw. der Staatskult bedroht schien. So war das Christentum von Anfang an Repressionen ausgesetzt, weil es zuerst als religiöse Sekte in Konkurrenz zum traditionellen Judentum Unruhe auslöste und später dann mit seiner wachsenden Anhängerzahl für den Rückgang heidnischer Kulte verantwortlich zeichnete, was genauso Konfliktpotenzial in sich barg.

Zu einer ersten gezielten Verfolgung, zu deren Opfern die Apostel Petrus und Paulus zählten, kam es aber erst nach dem Brande Roms unter Kaiser ***Nero*** *im Jahr 64. Sie fand allerdings nur in der Stadt Rom selbst statt. Auch in den Jahrzehnten danach blieben Christenverfolgungen regional und zeitlich beschränkt.*

Kaiser ***Trajan*** *regelte Anfang des 2. Jhdt.s das Verhältnis des Staates zum Christentum so, dass er es zwar bei Todesstrafe verbot, aber nicht aktiv verfolgte. Wer als Christ angezeigt wurde, konnte der Bestrafung leicht entgehen, indem er dem Kaiser ein Opfer brachte und sich so als loyaler Staatsangehöriger erwies. Diese Vorgangsweise blieb für eineinhalb Jahrhunderte verbindlich.*

Zu reichsweiten Verfolgungen kam es erst in der allgemeinen Reichskrise zur Mitte des 3. Jhdt.s, als Kaiser ***Decius*** *(249/250) durch sein Opferdekret jeden Reichsbewohner verpflichtete, den Göttern Roms ein Bittopfer darzubringen. Kaiser* ***Valerian*** *(253-259) ging noch weiter, indem er jedes kirchliche Leben unterband und kirchlichen Besitz beschlagnahmte. Hernach beruhigte sich die Lage für die Christen wieder, bis Kaiser* ***Diokletian*** *im Jahr 303 zur größten Verfolgung ansetzte. In diese Zeit fällt auch das Martyrium des heiligen Florian (4. Mai 304).*

Nachhaltiger Erfolg war auch dieser Verfolgungswelle nicht beschieden. Denn bereits zehn Jahre später wurde das Christentum durch Kaiser ***Konstantin*** *als Religionsgemeinschaft öffentlich anerkannt (313 im so genannten Toleranzedikt von Mailand), ja sogar gefördert, und nicht einmal 70 Jahre später durch Kaiser* ***Theodosius*** *(381) zur Staatsreligion erhoben.*

Heiliger Florian (Bauernmalerei, 19. Jhdt.)

Cum autem venisset[1] ibi[2] et ad commilitones[3] suos pervenisset, cum quibus antea militaverat, ut audivit ab eis, quod Christiani ad sacrificia idolorum[4] quaerebantur, dixit eis: "Quid aliud[5] quaeritis? Nam et[6] ego Christianus sum. Ite et nuntiate praesidi[7], quia hic sum!" Praeses[7] autem Aquilinus[8] audiens de eo vocavit eum ad se et iussit diis sacrificare. Quod cum, ut faceret, non potuit compellere[9] eum, iussit eum cum fustibus[10] caedi. Iterum iterumque caesus permansit[11] fidelis[12]. Tunc quoque praeses[7] iussit scapulas[13] eius acutis[14] ferreis[15] confringi[16]. Quod beatus Florianus totum cum gaudio[17] suscepit et glorificabat[18] deum. Tunc iniquissimus praeses[7] cum se superatum vidit, iussit eum duci ad fluvium Anesum[19] et ibi praecipitari de ponte. Beatus Florianus, datā super se sententiā mortis, gaudens[20] et exultans[21] ibat ad mortem, quia ad vitam se credidit destinatum[22] aeternam. Ligato autem lapide magno ad collum[23] eius, iuvenis quidam saevus[24] nimis praecipitavit eum de ponte in fluvium et statim oculi eius[25] crepuerunt[26].

(Fortsetzung auf Seite 80)

1 *Subjekt ist* **Florianus** -i *m.*
2 **ibi = eo**
3 **commilito**, commilitonis *m.*: Kamerad
4 **idolum**, -i *n.*: Götzenbild; **idolorum**: *Gen. obiect.*
5 **aliud** *meint*: **alios**
6 **et = etiam**
7 **praeses**, praesidis *m.*: Statthalter
8 **Aquilinus**, -i *m.*: Aquilinus (*röm. Eigenname*)
9 **compello 3 = cogo 3**; **quod** *hier*: dazu
10 **fustis**, fustis *m.*: Stock; **cum fustibus = fustibus** (*Abl. instrumenti*)
11 **permaneo 2**, permansi, -mansum: bleiben
12 **fidelis**, fidele: treu, gläubig
13 **scapula**, -ae *f.*: Schulterblatt
14 **acutus**, -a, -um: spitz
15 **ferrea**, -orum *n. Pl.*: Eisengeräte
16 **confringo 3**, confregi, -fractum: brechen
17 **gaudium**, -i *n.*: Freude
18 **glorifico 1**: preisen
19 **Anesus**, -i *m.*: Enns
20 **gaudeo 2**: sich freuen
21 **exsulto 1**: frohlocken
22 **destinatus**, -a, -um: bestimmt; *ordne*: **credidit se ad vitam aeternam destinatum** <esse>
23 **collum**, -i *n.*: Hals
24 **saevus**, -a, -um: ungestüm; **nimis** *ist auf* **saevus** *bezogen*
25 **eius = Floriani**
26 **crepo 1**, crepui, crepitum: dunkel werden; **eius oculi crepant**: „seine Augen brechen" = er stirbt (*auch Christus starb, bevor ihm noch die Beine zerbrochen werden konnten: vgl. Joh. 19,31-35*)

VOCABULARIUM

milito 1	Kriegsdienst leisten	**iterum** (*Adv.*)	wiederum
Christianus, -i *m.*	Christ	**fluvius**, -i *m.*	Fluss
sacrificium, -i *n.*	Opfer	**praecipito 1**	herabstürzen
quia	dass	**super = supra** + *Akk.*	über
voco 1	*auch*: rufen	**sententia**, -ae *f.*	*auch*: Spruch
sacrifico 1	opfern	**aeternus**, -a, -um	ewig
caedo 3, cecīdi, caesum	töten (*hier*: schlagen)	**ligo 1**	binden
		lapis, lapidis *m.*	Stein
		iuvenis, iuvenis *m.*	junger Mann

Der heilige Florian

Florian war Offizier der zweiten Legion des römischen Heeres in Cetium, dem heutigen St. Pölten. Nach seiner Bekehrung zum Christentum gab er seine glänzende Karriere auf und kehrte nach Zeiselmauer zurück, wo er längere Zeit lebte. Nach einer Legende aus dem 15. Jhdt. soll er ein brennendes Haus durch sein Gebet gerettet haben: Daher gilt er als Patron der Feuerwehrleute („Florianijünger"), aber auch der Bierbrauer, Fassbinder und Schornsteinfeger. Florian ist der erste österreichische Märtyrer und Heilige. Er wird dargestellt als römischer Soldat, der über ein brennendes Haus Wasser leert (vgl. die Abbildung links). Seine Reliquien gelangten erst nach Rom und wurden im 17. Jhdt. nach Krakau überführt. Weitere Reliquien befinden sich heute in Zeiselmauer und St. Florian an der Enns.

Die Kirchen von Zeiselmauer und Lorch gehören zu den ganz wenigen Kirchen Österreichs, die direkt über römischen Heiligtümern errichtet wurden. Die Gebeine der 40 Märtyrer, die zusammen mit Florian den Tod fanden, wurden Mitte des 20. Jahrhunderts in Lorch ausgegraben. In Zeiselmauer wurde das römische Fahnenheiligtum in der Unterkiche 1980 freigelegt.

Florian Schulz, Das Martyrium des hl. Florian (Ölgemälde, 1837)

Fluvius autem suscipiens martyrem[1] Christi expavit[2] et, elevatis[3] undis[4], in quoddam eminentius saxum corpus eius deposuit. Tunc iussu dei adveniens aquila expansis[5] alis[6] protegebat[7] eum. Et beatus Florianus in visione[8] apparuit cuidam matronae[9] Deo devotae[10]: Indicavit ei, quo loco eum conderet humo[11]. Mulier autem hāc visione[8] commonita[12], statim iunxit animaliola[13] et ad fluvium perrexit[14]. Et prae timore gentilium[15] in virgultis[16] eum involvit[17] deducens ad locum, ubi sepeliret eum. Lassatis[18] autem animaliolis[13], et mulier tremens[19] oravit dominum, ut subveniret[20] ei: Et statim in eodem loco fons largus effluxit[21]. Et reficiens[22] animaliola[13] perduxit ad locum et sepelivit. In quo loco[23] fiunt sanitates[24] multae et omnes, qui ex fide petiverint, impetrabunt misericordiam Dei. Vitae enim sanctitas[25] et constantia[26] fidei athletas[27] Christi coronat et cum palmā martyrii[28] ad vitam aeternam perducit, auxiliante[29] rege aeterno domino Iesu[30] Christo, qui unā[31] cum patre et spiritu vivit et permanet[32] deus verus in[33] saecula saeculorum. Amen.

[1] **martyr**, martyris *m.*: Märtyrer (*'Blutzeuge'*)
[2] **expavesco 3**, expavui, –: in Erschrecken versetzt werden (*die unbelebte und belebte Natur steht auf Seiten Gottes und seiner Diener!*)
[3] **elevo 1**: erheben
[4] **unda**, -ae *f.*: Woge
[5] **expando 3**, expandi, -pansum: ausbreiten
[6] **ala**, -ae *f.*: Flügel
[7] **protego 3**: beschützen
[8] **visio**, visionis *f.*: Vision
[9] **matrona**, -ae *f.*: (verheiratete) Frau
[10] **devotus**, -a, -um: ergeben
[11] **humus**, -i ***f.***: Erdreich; **humo condere**: begraben
[12] **commoneo 2**: ermahnen
[13] **animaliolum**, -i *n.*: kleines Zugtier
[14] **pergo 3**, perrexi, -rectum: sich aufmachen
[15] **gentilis**, gentilis *m.*: Heide
[16] **virgultum**, -i *n.*: Gebüsch; **in virgultis = virgultis** (*Abl. instrumenti*)
[17] **involvo 3**, involvi, -volutum: verbergen
[18] **lasso 1**: ermüden
[19] **tremens** (*Gen.*: trementis): zitternd
[20] **subvenio 4**: zu Hilfe kommen; **ei = sibi** (*indir. Reflexiv*)
[21] **effluo 3**, effluxi, –: hervorfließen
[22] **reficio 3**: sich erholen lassen (*Subj. ist* **mulier**)
[23] *Das Grab befindet sich mutmaßlich im Augustinerchorherrnstift St. Florian.*
[24] **sanitas**, sanitatis *f.*: (wundersame) Heilung
[25] **sanctitas**, sanctitatis *f.*: Heiligkeit
[26] **constantia**, -ae *f.*: Beständigkeit
[27] **athleta**, -ae *m.*: 'Streiter'
[28] **martyrium**, -i *n.*: Martyrium
[29] **auxilior** 1: helfen
[30] **Iesus**, Iesus *m.*: Jesus
[31] **unā** (*Adv.*): zusammen
[32] **permaneo** 2: bleiben
[33] **in saecula saeculorum. Amen.** (*Formel der lateinischen Liturgie*): in alle Ewigkeit. Amen.

VOCABULARIUM

fluvius, -i *m.*	Fluss
saxum, -i *n.*	Fels
depono 3, deposui, -situm	ablegen (*auch*: weglegen)
iussu	auf Befehl
emineo 2, eminui, –	herausragen
appareo 2, apparui, –	sich zeigen
indico 1	anzeigen
iungo 3, iunxi, iunctum	*hier*: anschirren
prae + *Abl.*	vor
sepelio 4, sepelivi, sepultum	bestatten
oro 1	bitten (*auch*: beten)
fons, fontis *m.*	Quelle
largus, -a, -um	reichlich
perduco 3, perduxi, perductum	hinführen
fides, fidei *f.*	*auch*: Glaube
misericordia, -ae *f.*	Barmherzigkeit
corono 1	krönen
palma, -ae *f.*	Palme (*Siegeszeichen*)
aeternus, -a, -um	ewig
spiritus, spiritus *m.*	Geist

Albrecht Dürer (1471-1528), Die Schutzheiligen Österreichs (Holzschnitt, 1515). Florian ist als Dritter von links in der Rüstung eines römischen Ritters dargestellt.

ACTIVA ET CONTEMPLATIVA

- Was erfährst du aus dem gelesenen Text über das Martyrium des heiligen Florian. Wie wird er umgebracht? Welche Legenden ranken sich um seinen Leichnam?
- Florian ist einer der Schutzheiligen Österreichs. Welche anderen kennst du? Was weißt du über ihr Leben und Wirken? Ein fächerübergreifendes Projekt mit Religion bietet sich an.

Der hl. Severin an der Donau (1)

Um die Mitte des 5. Jhdt.s n. Chr. war die Völkerwanderung voll im Gange. Germanische Stämme drängten über die Donau nach Süden. Das Leben im heutigen Ober- und Niederösterreich wurde gefährlich und unsicher, da die Macht des römischen Kaisers nicht mehr bis an diese Grenze reichte.

Tempore, quo Attila[1], rex Hunnorum[2], defunctus[3] est, utraque Pannonia ceteraque confinia[4] Danuvii rebus turbabantur ambiguis[5]. Tunc itaque sanctissimus Dei famulus Severinus de partibus Orientis adveniens in viciniā Norici Ripensis[6] et Pannoniorum parvo, quod Asturis[7] dicitur, oppido morabatur. Ubi vivens iuxta evangelicam[8] apostolicamque[9] doctrinam[10], omni pietate et castitate[11] praeditus[12], in confessione catholicae[13] fidei venerabile[14] propositum sanctis operibus adimplebat[15]. Dum ergo talibus exercitiis[16] roboratus[17] palmam supernae[18] vocationis innocue[19] sequeretur, quodam die ad ecclesiam processit ex more, tunc presbyteris, clero[20] vel civibus requisitis[21] coepit totā mentis humilitate[22] praedicere[23], ut hostium insidias imminentes[24] orationibus ac ieiuniis[25] ac misericordiae fructibus[26] inhiberent[27]. Sed animi contumaces[28] ac desideriis[29] carnalibus inclinati[30] praedicentis[31] oracula infidelitatis[32] suae discrimine probaverunt[33].

(Fortsetzung auf Seite 84)

[1] **Attila**, -ae *m.*: Attila (*Hunnenkönig 434-453 n. Chr.*)
[2] **Hunni**, -orum *m. Pl.*: die Hunnen
[3] **defungor 3**, defunctus sum: sterben
[4] **confinium**, -i *n.*: Grenzgebiet
[5] **ambiguus**, -a, -um: unsicher, schwankend
[6] **Noricum Ripense** (*Gen.*: Norici Ripensis) *n.*: Ufer-Norikum (*an die Donau angrenzend*)
[7] **Asturis**: *wahrscheinlich Zeiselmauer a. d. Donau*
[8] **evangelicus**, -a, -um: des Evangeliums
[9] **apostolicus**, -a, -um: der Apostel
[10] **doctrina**, -ae *f.*: Lehre
[11] **castitas**, -atis *f.*: untadelige Lebensführung
[12] **praeditus**, -a, -um: ausgestattet mit + *Abl.*
[13] **catholicus**, -a, -um: katholisch
[14] **venerabilis**, venerabile: verehrungswürdig
[15] **adimpleo 2**, -vi, -etum: erfüllen
[16] **exercitium**, -i *n.*: Beschäftigung
[17] **roboratus**, -a, -um: gestärkt
[18] **superna vocatio** *f.* (*Gen.*: supernae vocationis): himmlische Berufung
[19] **innocuus**, -a, -um: rechtschaffen
[20] **clerus**, -i *m.*: Klerus
[21] **requisitus**, -a, -um: ausgewählt
[22] **mentis humilitas** *f.* (*Gen.*: humilitatis): Demut
[23] **praedico 3**, -dixi, -dictum: einschärfen, warnen
[24] **immineo 2**: drohen
[25] **ieiunium**, -i *n.*: das Fasten
[26] **fructus**, fructus *m. hier*: Werk
[27] **inhibeo 2**: aufhalten
[28] **contumax** (*Gen.*: contumacis): starrköpfig
[29] **desiderium carnale** *n.* (*Genitiv*: desiderii carnalis): fleischliches Bedürfnis
[30] **inclinatus**, -a, -um: zugetan
[31] *zu* **praedicentis** *ergänze* **Severini**
[32] **infidelitatis discrimen** *n.* (*Gen.*: discriminis): Entscheidung für den Unglauben
[33] **probo 1** *hier*: bestätigen

VOCABULARIUM

Pannonia, -ae *f.*	Pannonien
turbo 1	beunruhigen
famulus, -i *m.*	Diener
oriens, orientis *m.*	Osten
ubi	*hier*: dort
iuxta + *Akk.*	gemäß
pietas, pietatis *f.*	Frömmigkeit
confessio, confessionis *f.*	Bekenntnis
fides, fidei *f.*	Glaube
propositum, -i *n.*	Vorhaben
ergo	also
palma, -ae *f.*	Palme (*auch*: Siegeszeichen)
ecclesia, -ae *f.*	Kirche
procedo 3, processi, -cessum	vorrücken (*hier*: gehen)
presbyter, -eri *m.*	Priester
vel	oder
insidiae, -arum *f. Pl.*	Hinterhalt
oratio, orationis *f.*	Gebet
misericordia, -ae *f.*	Barmherzigkeit

Ars Grammatica: **Relativer Anschluss**

*Oft leitet, wie du weißt, ein Relativpronomen (**qui, quae, quod**) keinen Nebensatz ein, sondern schließt am Satzanfang an den Vorsatz an. Übersetzt wird es dann als Demonstrativpronomen* **dieser, diese, dieses.**
Dasselbe gilt auch für Fragewörter des Ortes, die dann mit Ortsadverbien übersetzt werden:

Fragewort		als relativer Anschluss
ubi	(wo)	dort
quo	(wohin)	dorthin
unde	(woher)	von dort, daher

Christliches Latein

Bei den frühen christlichen Schriftstellern erfuhr die lateinische Sprache einige Anpassungen. Einerseits erhielten altbekannte Wörter im christlichen Kontext eine neue Bedeutung, z. B..: ***fides*** = **Glaube**, ***oratio*** (*urspr.* Rede) = **Gebet**, *andere wurden in ihren Be-deutungsvarianten eingeschränkt auf eine einzige passende, z. B.* ***gratia*** = **Gnade**, ***pietas*** = **Frömmigkeit**.
Es wurden auch griechische Wörter importiert: ***presbyter*** *wurde dann im Deutschen zu* **Priester**, ***episcopus*** *zu* **Bischof**, ***ecclesia*** (*eigtl.* Volksversammlung) *bedeutete nun* **Gemeinde** *bzw. das* **Versammlungshaus** (*vgl. frz.* ***église***).
Auch das deutsche Wort ***Kirche*** *kommt aus dem Griechischen*: **kyriakón** = *das zum Herrn gehörige Haus,* ***Gotteshaus*** *(althochdeutsch* ***kiricha****).*
Daneben gab es Wörter, die man zeitweise ersetzte, weil sie einseitig „belastet“ waren: *z. B. verwendete man statt* ***amor*** *für die christliche Nächstenliebe* ***caritas***.

Ars Grammatica: *Vorsilben erkennen und Zeit beim Vokabellernen sparen* (*vgl. auch die Seiten 49, 101, 117*):

Vorsilbe	Bedeutung	Beispiel		Übersetzung
ad-	hinzu-, heran-, herbei-	advenio adicio 3	(ad – venio) (ad – iacio)	heran-kommen hinzu-fügen („hinzu-werfen“)
de-	weg-, herab-	depono 3 defero 3	(de – pono) (de – fero)	ab-legen weg-bringen
pro-	hervor , vor , weiter	protego 3 procedo 3	(pro – tego) (pro – cedo)	schützen („vor-decken“) vorrücken („weiter-gehen“)

Der hl. Severin an der Donau (2)

Famulus autem dei reversus ad hospitium, quo ab ecclesiae fuerat custode susceptus, diem et horam imminentis excidii prodens: “De contumaci”, ait, “oppido et citius perituro festinus abscedo.” Inde ad proximum, quod Comagenis[1] appellabatur, oppidum declinavit. Hoc barbarorum intrinsecus consistentium, qui cum Romanis foedus inierant, custodiā servabatur artissimā nullique ingrediendi aut egrediendi facilis licentia praestabatur. A quibus tamen famulus dei, cum esset ignotus, nec interrogatus est nec repulsus. Itaque mox ingressus ecclesiam, cunctos de salute propriā desperantes ieiunio et orationibus atque elemosynis hortabatur armari[2], proponens antiqua salutis exempla, quibus divina protectio populum suum contra opinionem omnium mirabiliter liberasset.[3] Cumque salutem omnium in ipso discriminis[4] articulo promittenti credere dubitarent, senex, qui dudum in Asturis[5] tanti hospitis susceptor exstiterat[6], venit atque a portarum custodibus sollicitā interrogatione discussus interitum sui oppidi habitu verboque monstravit adiciens eādem die, qua quidam homo dei praedixerat, barbarorum vastatione deletum[7]. Quo audito solliciti responderunt: “Putas[8] non ipse est, qui desperatis[9] rebus dei nobis subsidia pollicetur?” Mox igitur in ecclesiā recognito dei famulo, senex pedibus eius prostratus aiebat ipsius se meritis libertum[10], ne[11] cum ceteris oppidaneis subiret excidium.

[1] **Comagenis**: Tulln
[2] **armo 1**: *passiv*: sich rüsten
[3] **liberasset = liberavisset**
[4] **articulus** (-i *m.*) **discriminis**: Augenblick der Gefahr; **salutem** *ist Obj. zu* **promittenti**
[5] **Asturis**: *wahrscheinlich* Zeiselmauer
[6] **exstiterat = fuerat**
[7] *Ergänze*: **esse**
[8] **putas non ipse est = nonne putas eum ipsum esse**
[9] **desperatis rebus** (*Abl.*): in verzweifelter Lage
[10] **libertus = liberatus**
[11] **libertum, ne** …: sei davon befreit, zu …

Rechts:
Der „Römerturm“ von Tulln, auch „Salzturm“ genannt, ist der hufeisenförmig vorspringende Turm des Lagers Comagenis zur Sicherung der westlichen Lagermauer (um 300 n. Chr.). Bei der Renovierung 1984 stellte sich heraus, dass die römischen Mauern bis zum Dachansatz original erhalten sind. Damit zählt er zu den wenigen vollständig erhaltenen antiken Gebäuden nördlich der Alpen.

His auditis habitatores oppidi memorati incredulitati[1] veniam postulantes monitis viri dei sanctis operibus paruerunt ieiuniisque dediti et in ecclesiā per triduum congregati errata praeterita castigabant[2] gemitibus et lamentis. Die autem tertio, cum sacrificii vespertini sollemnitas[3] impleretur[4], facto subito terrae motu[5] ita sunt barbari intrinsecus habitantes exterriti, ut portas sibi Romanos cogerent aperire velociter. Exeuntes igitur conciti diffugerunt aestimantes se vicinorum hostium obsidione vallatos[6], auctoque terrore divinitus, noctis errore[7] confusi, mutuis se gladiis conciderunt. Tali ergo adversariis internicione consumptis[8] divino plebs servata praesidio per sanctum virum armis didicit pugnare caelestibus.

[1] **incredulitas**, incredulitatis *f.*: Unglaube
[2] **castigo 1**: büßen
[3] **sollemnitas**, sollemnitatis *f.*: Feierlichkeit
[4] **impleo 2**: durchführen
[5] **terrae motus** *m.*: Erdbeben
[6] *Ergänze*: **esse**
[7] **error**, erroris *m.*: Ungewissheit
[8] **consumo 3** *hier*: dahinraffen

Severin prophezeit das Schicksal der Donauprovinzen

Tunc sanctus non desinebat[1] de suae migrationis[2] viciniā suos adloqui dulcedine[3] caritatis[4], quod quidem facere nec[5] ante cessaverat. “Scitote[6]”, inquit, “fratres, sicut filios Israel[7] constat ereptos[7] esse de terrā Aegypti, ita cunctos populos terrae huius oportet ab iniustā[8] barbarorum dominatione[9] liberari. Etenim[10] omnes cum suis facultatibus de his oppidis emigrantes[11] ad Romanam provinciam absque ullā sui captivitate pervenient. Sed mementote praecepti sancti Iosephi patriarchae[12], cuius ego indignus et infimus[13] vos attestatione[14] convenio[15]: ‘Visitatione[16] visitabit vos Deus; tollite ossa mea hinc vobiscum[17]!’ Quod non mihi, sed vobis est profuturum[18]. Haec quippe loca nunc frequentata[19] cultoribus[20] in tam vastissimam[21] solitudinem[22] redigentur, ut hostes aestimantes[23] auri se quippiam[24] reperturos etiam mortuorum sepulturas effodiant[25].”

Der Exodus der romanischen Bevölkerung aus Noricum (Buchillustration, 19. Jhdt.)

[1] **desino 3**: aufhören
[2] **migratio**, migrationis *f.*: Tod
[3] **dulcedo**, dulcedinis *f.*: Innigkeit
[4] **caritas**, caritatis *f.*: (Nächsten-)Liebe
[5] **nec ante**: auch zuvor nicht
[6] **scitote** (*Imp. II*): ihr sollt wissen
[7] **Israel**: *Gen.*; **eripio 3**, -ui, -reptum: retten
[8] **iniustus**, -a, -um: ungerecht
[9] **dominatio**, dominationis *f.*: Herrschaft
[10] **etenim = enim**
[11] **emigro 1**: auswandern
[12] **patriarcha**, -ae *m.*: Stammvater
[13] **infimus**, -a, -um: der niedrigste
[14] **attestatio**, attestationis *f.*: Beschwörung; **cuius** *bezogen auf* **attestatione**
[15] **convenire aliquem**: sich an jemanden wenden
[16] **visitatione visitare**: heimsuchen
[17] **vobiscum**: mit euch
[18] **prosum**, prodesse, -fui: nützen
[19] **frequento 1**: häufig besuchen
[20] **cultor**, cultoris *m.*: Bewohner
[21] **vastus**, -a, -um: riesig
[22] **in solitudinem redigi**: veröden
[23] **aestimantes** + *AcI* (**se … reperturos**)
[24] **quippiam**: etwas (+ *Gen.*: **auri**)
[25] **effodio 3**: durchwühlen

VOCABULARIUM

adloquor 3, adlocutus sum	anreden
cesso 1	aufhören
sicut	so wie
constat (+ *AcI*)	es steht fest
cuncti, -ae, -a	alle
oportet	es ist nötig
barbari, -orum *m. Pl.*	die Barbaren
facultas, facultatis *f.*	finanzielle Möglichkeit
ullus, -a, -um	irgendein
captivitas, captivitatis *f.*	Verlust
memini, meminisse (*Perfekt mit Präsensbedeutung*) + *Gen.*	sich erinnern an
mementote (*Imperativ II*)	erinnert euch
praeceptum, -i *n.*	Vorschrift
indignus, -a, -um	unwürdig
os, ossis *n.*	Knochen
hinc (*Adv.*)	von hier
quippe	denn
aurum, -i *n.*	Gold
reperio 4, repperi, repertum	finden
morior 3, mortuus sum	sterben
sepultura, -ae *f.*	Grab

ACTIVA ET CONTEMPLATIVA

- Severin erweist sich auch knapp vor seinem Tod als ein Mann mit politischem Weitblick. Wie sieht er die Zukunft?
- Wie macht er seinen Mitbrüdern den bevorstehenden Rückzug aus den Donauprovinzen schmackhaft?
- Informiere dich in einem Lexikon: Haben die Mitbrüder des hl. Severin seine Anordnungen befolgt?
- **Lebendiges Latein:** Suche die dem modernen Ausdruck zugrunde liegenden Wörter und gib die aktuelle Bedeutung an: **Konfession, Kustos, Prozession, vehement, Frucht, Hospiz, senil, antik, prosit.**

Der hl. Severin segnet den Germanenfürsten Odoaker vor dessen Feldzug nach Italien, der das Ende des weströmischen Reichs besiegeln wird (Buchillustration, 19. Jhdt.)

Der heilige Rupert und Salzburg im Frühmittelalter[1]

Nach dem Abzug der Römer aus Noricum verfielen die römischen Siedlungen oder wurden im Zuge der Völkerwanderung zerstört. Der folgende Text, der im Versmaß des Hexameters[2] verfasst ist, schildert, wie der heilige Rupert Ende des 7. Jahrhunderts nach Salzburg, dem antiken Iuvavum, kam, um dort das Stift Sankt Peter zu gründen:

Úrbs Iuvávensís[3] fuit ólim spléndida[4] múris[5],
ággeribús magnís munítaque túrribus áltis.
Sédes híc regúm fueránt ac témpla deórum
génte sub ántiquá fulgénti mármore[6] strúcta[7],
séd, velutí legimús, multís incúlta[8] diébus
cúlmine[9] dé summó cecidít prolápsa[10] Iuváo
ác tegitúr silvís, teritúr[11] lustrísque[12] ferínis,
úrbeque dé tantá remanént[13] vix última[14] sígna.
Haéc loca Ruódbertús[15] sibi délegít pater álmus[16]
prímus et híc sedém constrúxit[7] póntificálem[17],
ác sedís primaé regimén[18] suscéperat ípse
cónducéns[19] laté populós ad páscua[20] vítae.
(...)

Sebastian Stief (1811-1889), St. Rupert blickt auf die Ruinen des römischen Munizipiums Iuvavum (Ölgemälde, 1859)

[1] *Der Text stammt aus dem Catalogus praesulum Iuvavensium (MGSS 11, 19)*
[2] *Bedenke beim Übersetzen, dass Adjektiva und Partizipien im lateinischen Hexameter oft nicht gleich neben den Substantiven stehen, mit denen sie übereingestimmt sind.*
[3] **Iuvavensis**, Iuvavense: von Salzburg
[4] **splendidus**, -a, -um: herrlich
[5] **murus**, -i *m.*: Mauer
[6] **marmor**, marmoris *n.*: Marmor
[7] **(con)struo 3**, (con)struxi, (con)structum: errichten
[8] **incultus**, -a, -um: verwildert
[9] **culmen**, culminis *n.*: Gipfelpunkt
[10] **prolabor 3**, prolapsus sum: herabsinken
[11] **tero 3**: abnützen; **teritur lustrisque ferinis = et teritur lustris ferinis**
[12] **lustra** (-orum *n. Pl.*) **ferina**: Schlupfwinkel des Wildes
[13] **remaneo 2**: zurückbleiben
[14] **ultimus**, -a, -um: letzter
[15] **Ruodbertus**, -i *m.*: Rupert
[16] **almus**, -a, -um: segensreich
[17] **pontificalis**, pontificale: bischöflich
[18] **regimen**, regiminis *n.*: Leitung
[19] **conduco 3 = duco 3**
[20] **pascua**, -orum *n. Pl.*: Weide

VOCABULARIUM

olim (*Adv.*)	einst	**veluti**	wie
agger, aggeris *m.*	Wall	**cado 3**, cécidi, casurus	fallen
turris, turris *f.* (*I-Deklination*)	Turm	**Iuvavum**, -i *n.* = **Iuváo** (*indekl.*) *f.*	Salzburg
antiquus, -a, -um	alt	**tego 3**, texi, tectum	bedecken
fulgens (*Gen.*: fulgentis)	glänzend	**latus**, -a, -um	weit(hin)

ACTIVA ET CONTEMPLATIVA

- Wodurch wird im vorliegenden Text angedeutet, dass Iuvavum einst eine blühende Stadt war? Wie wird ihr Erscheinungsbild bei der Ankunft des heiligen Rupert beschrieben?
- Was ist mit „**pascua vitae**“ im letzten Vers gemeint?

Salzburg im Frühmittelalter
Im Zuge der Völkerwanderung waren die römischen Städte Noricums zerstört worden. In weiten Teilen des südlichen und östlichen Österreich siedelten Slawen, die sich auf der Flucht vor den Awaren hierher zurückgezogen hatten. Sie wurden im 7. Jahrhundert Teil des westslawischen Reiches unter König ***Samo****. Um das Jahr 695 schenkte der Bayernherzog* ***Theodo*** *dem heiligen* ***Rupert*** *die Reste des römischen* ***Iuvavum*** *(Salzburg), wo dieser das Kloster St. Peter gründete. Im Zug der Einteilung durch den Apostel der Deutschen, den heiligen Bonifatius, wurde Salzburg 739 Bischofsitz. In karolingischer Zeit wurde der hoch gebildete irische Mönch* ***Virgil*** *zum Bischof von Salzburg berufen, wo er fast vierzig Jahre lang wirkte. Er ließ nicht nur den ersten Salzburger Dom errichten, sondern trieb auch aktiv die Rechristianisierung Südösterreichs voran.*

Sankt Rupert ('Ruodbertus'), umgeben von seinen Nachfolgern, vor dem Hintergrund des ersten Salzburger Doms. Federzeichnung, 13. Jhdt.

Der heilige Virgil kommt ins Frankenreich[1] ...

Beatissimus igitur Virgilius in Hiberniā insulā de nobili ortus prosapiā[2], litterarum studiis ita animum applicuit, ut inter doctos sui temporis atque climatis[3] doctissimus haberi potuisset[4]. Morum etiam **honestate** nihilominus[5] **clarescere** studuit, ut[6] tamen, non virtute relictā, invidiam quorumlibet[7] placando[8] dictum[9] illud exoptabile[10] in se dignē meruisset **transferri**: "Dilectus[11] Deo et hominibus, cuius memoria[12] in benedictione[13] est, cuius nomen **exquiretur** a generatione[14] in generationem." Ut itaque Dominus misericordiam suam a progenie[15] in progeniem ostenderet, servum suum Virgilium **strenuum** utique[16] dominicae plantatorem[17] vineae et futurum Carinthiae **apostolum** de natali[18] solo[19] Hiberniae in Franciam[20] misit, ubi ab **illustri** Francorum[21] rege, qui maior[22] domūs dicebatur, apud Carisiacum[23] **honeste** exceptus fuit. (...)

Sebastian Stief (1811-1889), Sankt Virgil vor dem Modell des ersten Salzburger Doms (Ölgemälde, 1860)

[1] *Schlage die* **fett gedruckten** *Wörter im Wörterbuch nach. Der Text stammt aus der Vita Virgilii 1f und 6 (MGSS 11, 86).*
[2] **prosapia**, -ae *f.*: Familie
[3] **clima**, climatis *n.*: Weltgegend
[4] *Konj. Plusquamperf. = Konj. Imperfekt*
[5] **nihilominus**: nichtsdestoweniger
[6] **ut digne meruisset** (= **mereret**) + *AcI*: dass er zurecht verdiente, dass ...
[7] **quilibet**, quaelibet, quodlibet: beliebig
[8] *zum Gerund* **placando** *ziehe als Obj.* **invidiam**
[9] **dictum**, -i *n.*: Wort; *das folgende Bibelwort ist nach Jesus Sirach 45,1*
[10] **exoptabilis**, exoptabile: wünschenwert
[11] **dilectus**, -a, -um: geliebt; **dilectus** <est> **Deo et hominibus** (*Dat. auctoris*) = **dilectus** <est> **a Deo et ab hominibus**
[12] **memoria**, -ae *f. hier*: Andenken
[13] **benedictio**, benedictionis *f.*: Lobpreis; **in benedictione esse**: gepriesen sein
[14] **generatio**, generationis *f.*: Generation
[15] **progenies**, progeniei *f.*: Generation
[16] **utique** = **et ut**: und als
[17] **plantator**, plantatoris *m.*: Arbeiter
[18] **natalis**, natale: Geburts-...
[19] **solum**, -i *n.*: Boden
[20] **Francia**, -ae *f.*: Frankenreich
[21] **Franci**, -orum *m. Pl.*: die Franken
[22] **maior domūs**: Hausmeier (*königlicher Verwalter im Merowingerreich; als faktischer Machthaber verstand es der Karolinger Pippin, schließlich selbst die Königswürde zu erringen.*)
[23] **Carisiacum**, -i *n.*: Crécy (*Stadt im heutigen Frankreich*)

…und wird zum Bischof von Salzburg berufen

Temporibus vero Otilonis[1] ducis Bavariorum[2], qui tunc cum totā Noricā[3] provinciā subiectus fuit praedicto[4] regi Francorum[5], Salzburgensis[6] ecclesia, quae ab antiquo vocabulo a iuvando dicta fuit Iuvavia[7], proprio carebat[8] episcopo. Sed rex Pipinus[9] princeps per omnia Christianissimus ad **incrementum** ecclesiae Dei non modico suspirans[10] desiderio, **episcopatum** Salzburgensem[6] pro[11] debito regiae magnificentiae sancto **concessit** Virgilio. (…)

Grabinschrift des heiligen Virgil[12]

Híc pater ét pastór humilís[13] doctúsque sacérdos
córpore Vírgiliús **pausát**, qu(em) Hibérnica[14] téllus
dísponénte deó partés[15] diréxit in istas,
quíque regébat ováns[16] praeséntis cúlmina[17] sédis
férme quatérdenós[18] **carís** cum frátribus ánnos,
á quibus íll(e) et amátus erát, **pie** quós et amávit.
Ínter(im) et érexít pulchró molímine[19] múlta
témpla[20], locó quaedám nunc quáe cernúntur in ísto:
Ínsuper ét miserís largús, simul ómnibus áptus[21]:
Pró quo, quísque[22] legís versús, oráre meménto.

1 **Otilo**, Otilonis *m.*: Otilo (*männl. Eigenname*)
2 **Bavari**, -orum *m. Pl.*: die Bayern
3 **Noricus**, -a, -um: norisch
4 **praedictus**, -a, -um = **praenominatus**, -a, -um: oben genannt
5 **Franci**, -orum *m. Pl.*: die Franken
6 **Salzburgensis**, Salzburgense: von Salzburg
7 **Iuvavia**, -ae *f.* = **Iuvavum**, -i *n.*
8 **careo** 2 + *Abl.*: nicht haben
9 **Pipinus**, -i *m.* Pippin (*erster Karolingerkönig*; *751-768*)
10 **suspiro (1) non modico desiderio ad** + *Akk.*: sich sehnlichst wünschen
11 **pro debito regiae magnificentiae**: entsprechend seiner königlichen Hoheit
12 *Der Text stammt aus*: *MGPL 2,639* (*in Hexametern*; *siehe dazu die Anmerkung 2 auf Seite 88*). *Schlage auch hier die* **fett gedruckten** *Wörter im Wörterbuch nach.*
13 **humilis**, humile: demütig
14 **Hibernicus**, -a, -um: irisch
15 **partes**, partium *f. Pl. hier*: Gegend
16 **ovo 1**: froh sein
17 **culmen**, culminis *n.*: Dach
18 **quaterdeni**, -ae, a = **quadraginta**
19 **molimen**, moliminis *n.*: Bemühen
20 **templum**, -i *n. hier*: Kirche; **templa loco quaedam nunc quae cernuntur in isto = templa, quorum quaedam nunc <quoque> in isto loco cernuntur**
21 **aptus**, -a, -um: hilfreich; *ergänze*: **Virgilius fuit**
22 **quisque = quicumque**

Die Erhebung Österreichs zum Herzogtum

Kaiser Friedrich I. Barbarossa bewog den Babenberger Heinrich II. 1156 zur Rückgabe des 1139 übertragenen Herzogtums Bayern – gegen Gewährung von Vorrechten. Dieses „Privilegium minus" – zum Unterschied vom „Privilegium maius" Rudolfs IV. von Habsburg (siehe Seite 111) – ist eine typische mittelalterliche Urkunde:

[INVOCATIO] In nomine sancte et individue[1] trinitatis[2]. [INTITULATIO] Fredericus divinā favente[3] clementiā[4] Romanorum imperator Augustus. [**ARENGA**]: ... ne qua tamen possit esse geste rei dubietas[5], nostra debet intervenire imperialis[6] auctoritas. [**PUBLICATIO**] Noverit[7] igitur omnium Christi imperiique nostri fidelium[8] presens etas et successura posteritas[9], [NARRATIO] qualiter[10] nos eius cooperante[11] gratiā, a quo celitus[12] in terram pax missa est hominibus, in curiā[13] generali Ratispone[14] in nativitate[15] sancte Marie celebrata[16] in presentiā[17] multorum religiosorum[18] et catholicorum[19] principum litem[20] et controversiam, que inter dilectissimum[21] patruum[22] nostrum Heinricum ducem Austrie et karissimum[23] nepotem[24] nostrum Heinricum ducem Saxonie[25] diu agitata[26] fuit de ducatu Bawarie, hōc modo terminavimus[27], quod dux Austrie resignavit[28] nobis ducatum Bawarie, quem statim in beneficium concessimus duci Saxonie, dux autem Bawarie resignavit nobis marchiam[29] Austrie cum omni iure suo et cum omnibus beneficiis, que quondam marchio[30] Livpoldus[31] habebat a ducatu Bawarie.

(Fortsetzung auf Seite 94)

[1] **individuus**, -a, -um: untrennbar
[2] **trinitas**, trinitatis *f.*: Dreifaltigkeit
[3] **faveo 2:** gnädig sein
[4] **clementia**, -ae *f.*: Milde
[5] **dubietas**, dubietatis *f.*: Zweifel
[6] **imperialis**, -e: kaiserlich
[7] **noverit** (*Konj. mit Präsensbedeutung*): er soll wissen
[8] **fideles**, fidelium *m. Pl.*: die Gläubigen
[9] **posteritas**, posteritatis *f.*: Nachwelt
[10] **qualiter** (*Adv.*): wie
[11] **coopero 1**: mitwirken
[12] **celitus** (*Adv.*): vom Himmel
[13] **curia generalis** *f.*: Reichstag
[14] **Ratispona**, -ae *f.*: Regensburg
[15] **nativitas** (*f.*) **sanctae Mariae**: Mariae Geburt, 8. Sept.
[16] **celebro 1**: abhalten
[17] **praesentia**, -ae *f.*: Gegenwart
[18] **religiosus**, -a, -um: fromm
[19] **catholicus**, -a, -um: katholisch
[20] **lis**, litis *f.*: Rechtsstreit
[21] **dilectus**, -a, -um: geliebt
[22] **patruus**, -i *m.*: Onkel
[23] **karus**, -a, -um (= **carus**, -a, -um): lieb
[24] **nepos**, nepotis *m.*: Neffe
[25] **Saxonia**, -ae *f.*: Sachsen
[26] **agito 1**: betreiben
[27] **termino 1**: beendigen
[28] **resigno 1** *hier*: zurückgeben
[29] **marchia**, -ae *f.*: Markgrafschaft
[30] **marchio**, -onis *m.*: Markgraf
[31] **Livpoldus**, -i *m.*: Leopold I. († *994*)

VOCABULARIUM

divinus, -a, -um	göttlich	**gratia**, -ae *f.*	*auch*: Gnade
intervenio 4	dazwischen-treten	**ducatus**, ducatus *m.*	Herzogtum
aetas, aetatis *f.*	Zeit(alter)		
succedo 3, successi, -cessum	nachfolgen		

Urkunden
sind die am häufigsten vertretene Gattung von historischen Quellen des Mittelalters. Dabei handelt es sich um Schriftstücke rechtlichen Inhalts, die unter Beachtung strenger Formen verfasst und beglaubigt wurden.
Eine Urkunde besteht aus drei Teilen, dem ***Protokoll*** *(griech. „Vorblatt“, Einleitung), dem* ***Text*** *und dem* ***Eschatokoll*** *(„Schlussprotokoll“).*

PROTOKOLL:
- ***Invocatio*** (*Anrufung Gottes*): “in nomine sancte[1] et individue trinitatis”
- ***Intitulatio*** (*Name und Titel des Ausstellers mit „Devotionsformel“*): “Fredericus divinā favente clementiā Romanorum imperator Augustus”
- ***Inscriptio*** (*Empfänger*): *ist beim Privilegium Minus entfallen*
- ***Arenga*** (*allgemeine Begründung*): “ne qua tamen possit esse geste rei dubietas”

TEXT:
- ***Publicatio / Promulgatio*** (*Verkündungsformel*): “noverit igitur ...”
- ***Narratio*** (*Vorgeschichte*): “qualiter nos in curiā generali ...”
- ***Dispositio*** (*Inhalt der Rechtshandlung*): “sanctientes, ut ....”
- ***Sanctio*** (*Strafandrohung bei Zuwiderhandeln*): *ist hier entfallen*
- ***Corroboratio*** (*Beglaubigungsmittel*): “sigilli nostri impressione”

ESCHATOKOLL:
- ***Subscriptiones*** (*Unterschriften, Zeugenliste, Prüfung durch den Kanzler, Monogramm mit Vollziehungsstrich*)
- ***Datierung***
- ***Apprecatio*** (*Anrufung Gottes*)

Urkunden spielten bis zum 15. Jahrhundert eine wichtige Rolle, später wurden sie von den ***Akten*** *abgelöst: Man dokumentierte dann im Nachhinein, was (vom Herrscher, von der Verwaltung ...) durchgeführt oder veranlasst worden war.*

[1] *Zur Schreibung mittellateinischer Texte siehe S. 95.*

Ne autem in hōc facto aliquatenus[1] inminui[2] videretur honor et gloria dilectissimi[3] patrui[4] nostro, ... marchiam[5] Austrie in ducatum commutavimus et eundem ducatum cum omni iure prefato[6] patruo[4] nostro Heinrico et prenobilissime[7] uxori sue Theodore[8] in beneficium concessimus perpetuali[9] lege[10] [**DISPOSITIO**] sanctientes[11], ut ipsi et liberi eorum post eos indifferenter[12] filii sive filie eundem Austrie ducatum hereditario[13] iure a regno teneant et possideant[14]. Si autem predictus[15] dux Austrie patruus noster et uxor eius absque liberis decesserint[16], libertatem habeant eundem ducatum affectandi[17], cuiucumque[18] voluerint. Statuimus quoque, ut nulla magna vel parva persona[19] in eiusdem ducatus regimine[20] sine ducis consensu vel permissione[21] aliquam iusticiam[22] presumat[23] exercere. Dux vero Austrie de ducatu suo aliud servicium[24] non debeat imperio, nisi quod ad curias[25], quas imperator prefixerit[26] in Bawariā, evocatus veniat. Nullam quoque expedicionem debeat, nisi quam forte imperator in regna vel provincias Austrie vicinas ordinaverit[27]. [**CORROBORATIO**] Ceterum ut hec nostra imperialis[28] constitucio[29] omni evo[30] rata et inconvulsa[31] permaneat[32], presentem inde paginam[33] conscribi[34] et sigilli[35] nostri impressione[36] insigniri[37] iussimus.

(Fortsetzung auf Seite 96)

[1] **aliquatenus** (*Adv.*): in gewisser Hinsicht
[2] **inminuo 3**: vermindern
[3] **dilectus**, -a, -um: geliebt
[4] **patruus**, -i *m.*: Onkel; **patruus noster = patruus meus** (*Majestätsplural*)
[5] **marchia**, -ae *f.*: Markgrafschaft
[6] **pr<a>efatus**, -a, -um: oben genannt
[7] **pr<a>enobilis**, -e: erhaben
[8] **Theodora**, -ae *f.*: Theodora (*Tochter des byzantin. Kaisers*)
[9] **perpetualis**, -e: ewig
[10] **lex**, legis *f.*: Gesetz
[11] **sanc(t)io** 4: bestimmen
[12] **indifferens** (*Gen.*: indifferentis): gleichgültig
[13] **hereditarius**, -a, -um: erblich
[14] **possideo 2**: besitzen
[15] **pr<a>edictus**, -a, -um: vorher genannt
[16] **decedo 3**, decessi, -cessum: sterben
[17] **affecto 1**: zuwenden
[18] **cuiucumque = cuicumque**
[19] **persona**, -ae *f.*: Person
[20] **regimen**, regiminis *n.*: Herrschaft
[21] **permissio**, permissionis *f.*: Erlaubnis
[22] **iusticia (= iustitia)**, -ae *f.*: Gerechtigkeit
[23] **pr<a>esumo 3**: sich anmaßen
[24] **servicium (= servitium)**, -i *n.*: Dienst
[25] **curia**, -ae *f.*: Reichstag
[26] **pr<a>efigo 3**, -fixi, -fixum: ansetzen
[27] **ordino 1**: befehlen
[28] **imperialis**, -e: kaiserlich
[29] **constitutio**, constitutionis *f.*: Verordnung
[30] **<a>evum**, -i *n.*: Zeitalter
[31] **inconvulsus**, -a, -um: unangetastet
[32] **permaneo 2**: bleiben
[33] **pagina**, -ae *f.*: Seite
[34] **conscribo 3**: niederschreiben
[35] **sigillum**, -i *n.*: Siegel
[36] **impressio**, impressionis *f.*: Abdruck
[37] **insignio 4**: kenntlich machen

VOCABULARIUM

commuto 1	verwandeln	**debeo 2**	*auch*: schulden
ducatus, ducatus *m.*	Herzogtum	**evoco 1**	aufrufen, vorladen
sive	oder	**expeditio**, expeditionis *f.*	Kriegszug
beneficium, -i *n.*	*auch*: Lehen	**forte** (*Adv.*)	zufällig
statuo 3, statui, statutum	festsetzen	**vicinus**, -a, -um	benachbart
consensus, consensus *m.*	Zustimmung	**ceterum** (*Adv.*)	übrigens
vel	oder	**omnis**, -e	*im Sg.*: jeder
exerceo 2	(aus-)üben	**ratus**, -a, -um	gültig

Mittellatein

Im Mittelalter vollzog sich einerseits die Wandlung des gesprochenen, volkstümlichen Latein, der ***lingua rustica****, zu den romanischen Sprachen.*
Auf einer anderen sprachlichen Ebene – in der Kirche, in Wissenschaft und Diplomatie – wurde zwar die Kenntnis des klassischen Latein bewahrt, doch war auch hier die Sprache Änderungen unterworfen, nicht zuletzt durch den Einfluss der Landessprachen:

- *Man pflegte nun immer mehr so zu schreiben, wie man sprach (****-ae > e****: sanct****e*** *et individu****e*** *trinitatis;* ***celitus*** *statt* ***caelitus****;* ***-ti- > -ci-****:* ***expedicio, iusticia, servicium*** *– vgl. Seite 92 und 94;* ***k****arus statt* ***c****arus).*
- *Es traten auch Buchstaben auf, die im antiken Latein unbekannt waren: Bawaria.*
- *Antike Funktionsbezeichnungen wurden mit neuen Inhalten gefüllt, z. B..:* ***imperator*** – **Kaiser**, ***dux*** – **Herzog**, ***comes*** – **Graf**, ***beneficium*** – **Lehen**, ***curia*** – **Reichstag**.
- *Neubildungen erfolgten nach Bedarf analog zu antiken Wörtern, z. B.:* ***ducatus*** – **Herzogtum**, ***marchio*** – **Markgraf**.
- *Hinsichtlich Steigerungen und formalen Verstärkungen gab es nach oben hin fast keine Grenze:* ***nobilis*** *steigerte man z. B. einerseits durch die Vorsilbe* ***prae-****, andererseits durch eine „normale" Superlativbildung:* ***praenobilissimus*** *(vgl. Seite 94).*

Am Hof der Babenberger zu Wien (Buchillustration, 19. Jhdt.)

Es folgen die Zeugenliste und die Signumszeile:

Signum domini Friderici Romanorum imperatoris invictissimi.

Rekognitionszeile:

Ego Reinaldus[1] cancellarius vice Arnoldi Maguntini[2] archiepiscopi et archicancellarii recognovi[3].

Datierungszeile:

Dat<um> Ratispone[4] 15[5] kal. octobr., indictione[6] 4, anno dominice incarnationis 1156, regnante domino Friderico Romanorum imperatore Augusto; [APPRECATIO] in Christo feliciter amen; anno regni eius quinto, imperii[7] secundo.

Heinrich II. von Babenberg, genannt „Jasomirgott", war ein Sohn Markgraf Leopolds III. des Heiligen. Durch seine Mutter Agnes, die Witwe Friedrichs von Staufen, war er Halbbruder König Konrads III. Zusammen mit ihm nahm er am 2. Kreuzzug teil, auf dem er die byzantinische Prinzessin Theodora Komnena heiratete, die auch im Text der Urkunde genannt ist. Herzog Heinrich verlegte die Residenz von Klosterneuburg nach Wien, wo er das Schottenkloster gründete, in das er iroschottische Mönche aus Regensburg berief. Dort ist er auch zusammen mit seiner Gattin begraben.
Heinrichs Bruder Otto, seit 1138 Bischof von Freising (Bayern), gehörte zum näheren Umkreis des Kaisers – er ist als Zeuge bei der Ausstellung des Privilegium minus angeführt und verfasste eine Geschichte Kaiser Friedrich I. Barbarossa („Gesta Friderici").

1 **Reinaldus**, -i *m.*: Reinald von Dassel
2 **Arnoldus Maguntinus**: Arnold von Mainz
3 **recognosco 3** *hier*: prüfen
4 **Ratispona**, -ae *f.*: Regensburg
5 **= ante diem 15 Kal. Octobres** = 17. September
6 **indictio**, indictionis *f.*: Indiktion, ein fünfzehn Jahre dauernder Steuerzyklus; **indictione IV**: im vierten Jahr des laufenden Zyklus
7 **imperium**, -i *n.*: Kaisertum (*Friedrich wurde 1152 zum König gewählt, aber erst später zum Kaiser gekrönt, daher wird hier zwischen* regnum *und* imperium *unterschieden.*)

Herzog Heinrich II. „Jasomirgott" zieht ins Heilige Land (mittelalterl. Tafelmalerei)

ACTIVA ET CONTEMPLATIVA

Halte den Inhalt der Urkunde fest, indem du dich an folgenden Fragen orientierst:

- Wodurch wird die immer währende Wirksamkeit der Urkunde betont? Zitiere alle Textstellen.
- Welche Rechte erhalten Heinrich und Theodora im Detail?
- Welche Rechte sollen auch für die nächsten Generationen gelten?
- Wer könnte mit „magna vel parva persona" gemeint sein?
- Was war für den Aussteller der Hauptgrund für diese Verfügung?

- Im Text der Urkunde finden sich (im Vokabular wie unter den Fußnoten) zahlreiche Begriffe, die als Lehn- bzw. Fremdwörter ins Deutsche übernommen wurden. Erstelle eine Liste dieser Wörter. Welche findest du auch im Englischen wieder (Funktionsbezeichnungen!)?

- Forschungsauftrag: Wie kamen die Babenberger zu ihren oft recht seltsam scheinenden Beinamen? Welche von ihnen lassen sich als Persönlichkeiten gut erfassen? Kennt ihr Gedenkstätten, Denkmäler, auch Straßennamen, die sich auf diese Familie beziehen?

Leander Russ (1809-1864), Herzog Leopold VI. „der Glorreiche" öffnet den Wienern seine Schätze zur Förderung von Handel und Gewerbe (Ölgemälde, 1836). Leopold war Enkel Heinrich II. „Jasomirgotts", Sohn Leopold V. „des Tugendhaften" und Vater von Friedrich II. „dem Streitbaren", dem letzten Babenberger.

Ein Kampf um Österreich

Im Jahre 1273 wurde mit der Wahl Rudolfs I. von Habsburg zum König des Deutschen Reiches das so genannte „Interregnum", das seit dem Tode Kaiser Friedrichs II. (1250) bestanden hatte, beendet. Der mächtige Böhmenkönig Przemysl Ottokar weigerte sich allerdings, die Wahl anzuerkennen. Als Ehemann der Babenbergerin Margarethe wollte er überdies nicht auf die Herzogtümer Österreich und Steiermark verzichten, die Rudolf nun für sich selbst beanspruchte. Weil nun Rudolf Ottokars Machtansprüchen entgegentrat, kam es zur offenen Konfrontation. In den ***Rudimenta Historica****, einem jesuitischen Schulbuch aus dem 18. Jahrhundert, werden die Ereignisse so zusammengefasst*[1]:

Inter omnium potentissimos[2] erat Othocarus Bohemiae rex, qui Austriam aliasque provincias praeter ius fasque[3] occupaverat. Monitus idcirco per Caesaris legatos, hos contra ius gentium Pragae[4] ad urbis portam suspendi[5] iussit. Iustis[6] proinde armis appetitus[7], magnāque affectus[8] clade[9] pacem, quam obstinatē[10] prius negaverat, supplex petivit, in verba Caesaris iurare paratus, dummodo[11] id palam omnibus haud fiat, sed in tentorio[12]. Annuit[13] Rudolphus, tabernaculum tamen ita figi[14] iussit, ut cortinae[15] illico[16] demitti[17] quaquaversum[18] possent. Itaque cum Othocarus ad Caesaris pedes se provolveret[19], submotis[20] repente peripetasmatis[21], patuit[22] omnium oculis Othocarus Rudolpho supplex, ridentibus[23] Germanis[24], Bohemis[25] ringentibus[26].

21. November 1276, bei Wien: Ottokar von Böhmen unterwirft sich Rudolf von Habsburg. Buchillustration, 19. Jhdt.

(Fortsetzung auf Seite 100)

[1] *Rudimenta Historica Opusculum III., Pars IV., Caput I., 106 (pro Gymnasiis Societatis Jesu, Tyrnaviae, 1731), S. 79f*
[2] **potens** (*Gen.*: potentis): mächtig
[3] **fas** (*nur Nom. u. Akk. Sg.*): Rechtlichkeit
[4] **Praga**, -ae *f.*: Prag
[5] **suspendo 3**: aufhängen
[6] **iustus**, -a, -um: gerecht
[7] **appeto 3**, appetivi, -petitus: angreifen
[8] **afficio 3**, affeci, affectum: schwächen
[9] **clades**, cladis *f.*: Niederlage
[10] **obstinatus**, -a, -um: hartnäckig
[11] **dummodo** + *Konj.*: wenn nur
[12] **tentorium**, -i *n.*: Zelt
[13] **annuo 3**, annui, –: zustimmen
[14] **figo 3**: befestigen
[15] **cortina**, -ae *f.*: Zeltplane
[16] **illico** (*Adv.*): sofort
[17] **demitto 3**: herunter lassen
[18] **quaquaversum** (*Adv.*): nach jeder Seite hin
[19] **provolvo 3**, provolvi, -volutum: sich niederwerfen
[20] **submoveo 2**, submovi, -motum: entfernen
[21] **peripetasma**, peripetasmatis (*Abl. Pl.*: peripetasmatīs) *n.*: Zelthülle
[22] **pateo 2** + *Dat. hier*: klar liegen vor
[23] **rideo 2**: lachen
[24] **Germani**, -orum *m. Pl. hier*: Deutsche
[25] **Bohemi**, -orum *m. Pl.*: Böhmen
[26] **ringor 3**: sich ärgern

VOCABULARIUM

moneo 2	mahnen	**verbum**, -i *n.*	Wort
idcirco	deshalb	**palam** +*Abl.*	öffentlich vor
proinde	darum	**haud**	nicht
nego 1	*auch*: ablehnen	**tabernaculum**, -i *n.*	Zelt
supplex (*Gen.* supplicis)	flehentlich		

Josef Meinrad als Horneck und Fred Liewehr als Rudolf von Habsburg (Burgtheater Wien, 1965)

Der österreichische Dichter Franz Grillparzer brachte 1825 sein Trauerspiel „König Ottokars Glück und Ende“ heraus. Im 3. Aufzug (Verse 1671b ff) hält der österreichische Ritter Ottokar von Horneck eine Rede, in der er Österreich vor König Rudolf preist:

… es ist ein gutes Land,
wohl wert, dass sich ein Fürst sein unterwinde!
Wo habt Ihr dessen Gleichen schon gesehen?
Schaut rings umher, wohin der Blick sich wendet,
lacht's wie dem Bräutigam die Braut entgegen.
Mit hellem Wiesengrün und Saatengold,
von Lein und Safran gelb und blau gestickt,
von Blumen süß durchwürzt und edlem Kraut,
schweift es in breitgestreckten Tälern hin –
ein voller Blumenstrauß, so weit es reicht,
vom Silberband der Donau rings umwunden
hebt sich's empor zu Hügeln voller Wein,
wo auf und auf die goldne Traube hängt
und schwellend reift in Gottes Sonnenglanze;
der dunkle Wald voll Jagdlust krönt das Ganze.
Und Gottes lauer Hauch schwebt drüber hin
und wärmt und reift und macht die Pulse schlagen,
wie nie ein Puls auf kalten Steppen schlägt.
Drum ist der Österreicher froh und frank,
trägt seinen Fehl, trägt offen seine Freuden,
beneidet nicht, lässt lieber sich beneiden!
Und was er tut, ist frohen Muts getan.
's ist möglich, dass in Sachsen und beim Rhein
es Leute gibt, die mehr in Büchern lasen;
allein, was not tut und was Gott gefällt,
der klare Blick, der offne, richt'ge Sinn,
da tritt der Österreicher hin vor jeden,
denkt sich sein Teil und lässt die andern reden!
O gutes Land! O Vaterland! Inmitten
dem Kind Italien und dem Manne Deutschland
liegst du, der wangenrote Jüngling, da;
erhalte Gott dir deinen Jugendsinn
und mache gut, was andere verdarben!

Schon zuvor hatte man auf Seiten Rudolfs überlegt, wie man den mächtigen Böhmenkönig empfangen sollte:

Monitus[1] a suis, Othocarum, splendido[2] cum comitatu et pompā[3] adventantem[4], maiore quoque apparatu exciperet, respondit saepius[5] Othocari purpuram[6] vulgari suo vestitui quondam illusisse[7], at nunc illius purpurae hunc[8] illusurum[7]. Hinc stipatores[9] quoque et doryphoros[10] non nisi loricis[11] hastisque[12] instructos adstare[13] voluit, inquiens ferrum[14] et arma maximum propriumque Germanorum[15] esse ornatum.

Ottokar kehrte, nachdem er sich Rudolf unterworfen hatte, heim nach Böhmen:

Domum reduci[16] imperiosa[17] coniunx hanc tantam submissionem[18] publicamque ludificationem[19] vehementer exprobravit[20], nec ante destitit, quam rex collecto[21] ingenti exercitu Austriam contra fidem datam denuo occupavit. Quam tamen paulo post, quattuordecim suorum milibus desideratis propriāque vitā amissā[22], Rudolpho cedere coactus est. Hanc is dein[23] Alberto[24] filio clientelae[25] nomine tradidit, futuram[26] exinde[27] tot heroum, regum et imperatorum matrem altricemque[28] fecundissimam[29] iuxta ac fortunatissimam[30].

[1] **monitus (Rudolphus, ut) … exciperet, respondit …**
[2] **splendidus**, -a, -um: prächtig
[3] **pompa**, -ae *f.*: Prunk
[4] **advento 1**: anrücken
[5] **saepius** (*Adv.*): schon öfter
[6] **purpura**, -ae *f.*: Purpur(gewand); **Othocari purpura = Othacarus purpurā vestitus** (= bekleidet)
[7] **illudo** 3, illusi, illusum + *Dat.*: sich lustig machen über
[8] **hunc = vestitum vulgarem suum**
[9] **stipator**, stipatoris *m.*: Gefolgsmann
[10] **doryphorus**, -i *m.*: Lanzenträger
[11] **lorica**, -ae *f.*: Brustpanzer
[12] **hasta**, -ae *f.*: Lanze
[13] **adsto 1**: dabeistehen
[14] **ferrum**, -i *n.*: Eisen
[15] **Germani**, -orum *m. Pl. hier*: Deutsche
[16] **redux** (*Gen.*: reducis): zurückkehrend; **reduci (Othocaro)**
[17] **imperiosus**, -a, -um: herrschsüchtig; *gemeint ist Ottokars zweite Frau Kunigunde von Massowien*
[18] **submissio**, submissionis *f.*: Erniedrigung
[19] **ludificatio**, ludificationis *f.*: Verhöhnung
[20] **exprobro 1**: Vorwürfe machen
[21] **colligo 3**, collegi, -lectum: sammeln
[22] *in der Schlacht bei Dürnkrut auf dem Marchfeld im Spätsommer des Jahres 1278*
[23] **dein = deinde**
[24] **Albertus**, -i *m.*: *gemeint* ist Albrecht, *der später wie sein Vater deutscher König wurde*
[25] **clientela**, -ae *f.*: Lehen; *Rudolf belehnte am Reichstag von Augsburg (1282) seine beiden Söhne Albrecht und Rudolf mit Östereich, Steiermark und Krain; der jüngere Rudolf musste jedoch nach Intervention des österreichischen und steirischen Adels verzichten.*
[26] **futuram** (*Part. conj.*): *übersetze* „das werden … sollte“
[27] **exinde** (*Adv.*): von da an
[28] **altrix**, altricis *f.*: Ernährerin
[29] **fecundus**, -a, -um: fruchtbar
[30] **fortunatus**, -a, -um: (vom Glück) gesegnet

VOCABULARIUM

moneo 2	mahnen
comitatus, comitatus *m.*	Gefolge
apparatus, apparatus *m.*	Aufwand
excipio 3, excepi, -ceptum	aufnehmen (*auch*: ausnehmen)
vulgaris, vulgare	nach Art des einfachen Volkes
vestitus, vestitus *m.*	Kleidung
hinc (*Adv.*)	daher (*auch*: von hier)
inquiens (*Präs. Part. zu* inquit)	sagend
ornatus, ornatus *m.*	Schmuck
proprius, -a, -um	eigen(tümlich)
vehemens (*Gen.*: vehementis)	heftig
denuo (*Adv.*)	nochmals
desidero 1	sich sehnen nach (*hier*: einbüßen)
cedo 3, cessi, cessum + *Akk.*	*auch*: überlassen
heros, herois *m.*	Held
iuxta (*Adv.*) **ac**	genauso wie

Ars Grammatica: das Nomen agentis

Fügt man an den Stamm des PPP die Endung **-or**, erhält man ein Substantiv, das die männliche Person bezeichnet, die eine Handlung ausführt. Ist die Person weiblich, verwendet man die Endung **-trix**:

impero 1	befehlen	imperator imperatrix	Befehlshaber Befehlshaberin
vinco 3	siegen	victor victrix	Sieger Siegerin
defendo 3	verteidigen	defensor –	Verteidiger –

- Ergänze nach diesem Muster die fehlenden Formen und Bedeutungen:

doceo 2			
administro 1			
interficio 3			

Ars Grammatica: *Vorsilben erkennen und Zeit beim Vokabellernen sparen* (*vgl. auch die Seiten 49, 83, 117*):

Vorsilbe	Bedeutung	Beispiel		Übersetzung
a(b)-, abs-	weg-, fort-	abscedo 3 absum	(abs – cedo) (ab – sum)	weg-gehen weg-sein
con-	zusammen-, fertig-	convoco 1 conficio 3	(con – voco) (con – facio)	zusammen-rufen vollenden („fertig-machen")
dis-, di-	auseinander-, zer-, ent-	diffugio 3 dimitto 3	(dis – fugio) (dis – pono)	(in alle Richtungen) fliehen ent-lassen
e-, ex-	aus-, heraus-, er-	excipio 3 efficio 3	(ex – cipio) (e – facio)	aus-nehmen er-wirken („aus-machen")
ob-	entgegen-	occuro 3 offero	(ob – curro) (ob – fero)	entgegen-laufen darbringen (entgegen-bringen)
prae-	vor-, voraus-	praedico 3 praemitto 3	(prae – dico) (prae – mitto)	vorher-sagen voraus-schicken

Der Propst Einwik, ein Zeitgenosse Rudolfs und Ottokars, schildert das Ende des Konfliktes so (Vita Wilbirgis 93 gekürzt)[1]*:*

Rudolphus Romanorum rex cum, rege Bohemiae domino Othocaro eiecto, obtinuisset Austriae principatum, altero anno rex Bohemiae cum validissimo[2] exercitu fines intravit Austriae depopulando[3] ipsam terram. Cui cum Romanorum rex occurreret, utrique placuit, ut campestri[4] proelio decertarent. (...) Congredientibus[5] duobus regibus cum suis exercitibus, acies illa, quam rex Bohemiae specialem sui capitis custodem posuerat, dolo[6] seducta[7] substitit[8], et ipse cum paucissimis insultum[9] in hostes fecit. Qui cum diutius viriliter[10] caesis ab[11] utroque latere hostium cuneis[12] dimicasset[13], percusso tandem equo suo, in quo quasi volitans[14] ferebatur, sine quālibet[15] laesione[16] vulneris est detentus[17]. Illi autem, sub quorum manibus tenebatur, sui capitales[18] aemuli. Timentes, ne, si eum vivum regi Romanorum offerrent – quod non erat pronus[19] ad effundendum[20] humanum sanguinem – quocumque[21] pacto idem rex Bohemiae gratiae reformatus[22] illis suis traditoribus[23] aliquando redderet talionem[24], ipsum in inguine[25] sublato amictu regio transfixum gladio peremerunt[26]. Et sic dies regni eius (...) sunt flebiliter[27] terminati[28] in longam et gravem orphanorum[29] et pauperum, quorum tutor fortissimus contra potentum[30] erat malitiam[31], tribulationem[32] et iacturam[33].

[1] *Text aus: Die Vita Wilbirgis des Einwik Weizlan. Kritische Edition und Übersetzung von Lukas Sainitzer (Forschungen zur Geschichte Oberösterreichs Bd.19, Linz 1999).*
[2] **validus**, -a, -um: stark
[3] **depopulo 1**: verheeren
[4] **campestris**, campestre: Feld-...
[5] **congredior 3**: aufeinander treffen
[6] **dolus**, -i *m.*: List
[7] **seduco 3**, seduxi, -ductum: verleiten
[8] **subsisto 3**, substiti, –: Halt machen
[9] **insultus**, insultus *m.*: Angriff
[10] **virilis**, virile: heldenhaft
[11] **ab utroque latere = circum se**
[12] **cuneus**, -i *m.*: Heerschar
[13] **dimicasset = dimicavisset**
[14] **volito 1**: fliegen
[15] **quālibet = aliquā**
[16] **laesio**, laesionis *f.*: Verletzung
[17] **detineo 2**, detinui, -tentum: festhalten
[18] **capitalis** (capitale) **aemulus** (-i *m.*): Todfeind; *ergänze*: **erant**
[19] **pronus**, -a, -um: geneigt; *Subj. ist Rudolf*
[20] **effundo 3**: vergießen
[21] **quocumque pacto**: irgendwie
[22] **reformare gratiae**: begnadigen
[23] **traditor**, traditoris *m.*: Verräter
[24] **talio**, talionis *f.*: Vergeltung; **talionem reddere** + *Dat.*: Vergeltung üben an
[25] **inguen**, inguinis *n.*: Unterleib
[26] **perimo 3**, peremi, -emptum: töten
[27] **flebilis**, flebile: beweinenswert
[28] **termino 1**: beenden; *ordne*: **in longam et gravem tribulationem et iacturam orphanorum et pauperum, quorum tutor fortissimus contra malitiam potent(i)um erat.**
[29] **orphanus**, -i *m.*: Waise

VOCABULARIUM

eicio 3, eieci, eiectum	vertreiben
intro 1	eindringen
decerto 1	um die Entscheidung kämpfen
specialis, speciale	besonders
custos, custodis *m.*	Wächter
diutius (*Adv.*)	länger
latus, lateris *n.*	Seite
dimico 1	kämpfen
percutio 3, percussi, -cussum	tot schlagen
vulnus, vulneris *n.*	Wunde
sanguis, sanguinis *m.*	Blut
gratia, -ae *f.*	*auch*: Gnade
aliquando (*Adv.*)	einmal
amictus, amictus *m.*	Mantel
pauper (*Gen.*: pauperis, *Abl.*: paupere)	arm
tutor, tutoris *m.*	Beschützer

ACTIVA ET CONTEMPLATIVA

- Wie ist König Ottokar im ersten Text, dem jesuitischen Schulbuch aus dem 18. Jahrhundert, charakterisiert und wie im zweiten, der zeitgenössischen Quelle? Gibt es Unterschiede?
- Versucht herauszufinden, wie Ottokar in Grillparzers Stück dargestellt ist. Vielleicht wäre dies auch ein Thema für den Deutschunterricht.
- Lest auch noch die kurze Textprobe, die Rudolfs Worte vor der Leiche Ottokars bringt (5. Aufzug, Vers 297ff):

So liegst du nackt und schmucklos, großer König,
das Haupt gelegt in Deines Dieners Schoß;
und ist von deinem Prunk und Reichtum allen
nicht eine arme Decke dir geblieben,
als Leichentuch zu hüllen deinen Leib.
Den Kaisermantel, dem du nachgestrebt,
ich nehm' ihn ab und breit' ihn über dich,
dass als ein Kaiser du begraben werdest,
der du gestorben wie ein Bettler bist.
Bringt ihn nach Laa und stellt ihn fürstlich aus,
bis man ihn holt zur Ruhstatt seiner Ahnen.

Ewald Balser als Ottokar und Fred Hennings als Rudolf von Habsburg (Burgtheater Wien, 1949)

- Was bedeutet Rudolfs Sieg für die weitere österreichische Geschichte?

[30] **potens** (*Gen.*: potentis): mächtig; **potentum = potentium**
[31] **malitia**, -ae *f.*: Bosheit
[32] **tribulatio**, tribulationis *f.*: Betrübnis
[33] **iactura**, -ae *f.*: Verlust

Die Einsetzung des Kärntner Herzogs

Die Einsetzung des Kärntner Herzogs erfolgte bis in 15. Jahrhundert in einer sonderbaren Zeremonie. Enea Silvio Piccolomini, der spätere Papst Pius II. (1405 –1464), beschreibt dies in seiner Geschichte Europas folgendermaßen:[1]

Multae sunt in Carinthiā valles collesque feraces tritici[2], multi lacūs, multi amnes, quorum praecipuus Dravus[3], qui per Styriam ac Pannoniam in Danuvium fertur, haud inferior Savo[4]. Imperium provinciae Australes[5] obtinent et archiducem[6] appellant, cui ea regio paret. Quotiens novus princeps rei publicae gubernationem init[7], sollemnitatem[8] nusquam alibi auditam observant. Non longē ab oppido sancti Viti[9], in valle spatiosā, vetustae civitatis reliquiae visuntur, cuius nomen temporis abolevit[10] antiquitas. Iuxta in pratis latē patentibus marmoreus lapis erectus est; hunc rusticus ascendit, cui per[11] successionem stirpis id officium hereditario iure debetur. Ad dexteram bos macer nigri coloris exstat[12], ad sinistram pari macie deformis equa; frequens circa eum populus et omnis rustica turma[13]. Tum princeps ex adversā pratorum parte procedit, purpurati circum proceres ambeunt[14]. Vexillum ante eum et insignia[15] principatūs. Comes Goritiae[16], qui palatii[17] curam gerit, inter duodecim minora vexilla praecurrit[18]. Reliqui magistratūs sequuntur. Nemo eo comitatu non dignus honore videtur nisi princeps ipse prae[19] se rustici speciem ferens. Agrestis ei vestis, agrestris ei pileus[20] calceusque[21], et baculus[22] in manu gestantis pastorem ostendit.

[1] *Der Text stammt aus: Mauritz Schuster, Spätlatein, Mittellatein, Neulatein – Textband (HPT, Wien 1929), 119f*
[2] **triticum**, -i *n.*: Weizen
[3] **Dravus**, -i *m.*: Drau (*Fluss*)
[4] **Savus**, -i *m.*: Save (*Fluss*)
[5] **Australes**, Australium *m. Pl.*: Österreicher (*1335 fiel Kärnten an die Habsburger*)
[6] **archidux**, archiducis *m.*: Erzherzog
[7] **ineo**, -ire **gubernationem**: die Herrschaft antreten
[8] **sollemnitas**, sollemnitatis *f.*: Zeremonie
[9] **Vitus**, -i m.: Veit (*Name eines Heiligen*)
[10] **abolesco 3**, abolevi, abolitum: vernichten
[11] **per successionem stirpis**: in familiärer Nachfolge
[12] **exsto 1 = sto 1**
[13] **turma**, -ae *f.*: Schar
[14] **ambeo**, -ire: umringen
[15] **insignia**, insignium *n. Pl.*: Kennzeichen; *ergänze ein passendes Verb.*
[16] **Goritia**, -ae *f.*: Görz (*Stadt, heute an der Grenze zwischen Italien und Slowenien*)
[17] **palatium**, -i *n.*: Pfalz (*Hof des Herzogs*)
[18] **praecurro 3**: vorauslaufen
[19] **fero** (ferre) **prae me**: zur Schau stellen
[20] **pileus**, -i *m.*: Mütze
[21] **calceus**, -i *m.*: Schuh
[22] **baculus**, -i *m.*: Stock

Quem postquam rusticus ex lapide venientem conspicatus est, sermone Slavonico[1] – sunt enim et[2] ipsi Carinthiani[3] Slaviae[4] –: "Quis hic est", inclamat, "cuius tam superbum incessum video?" Respondent circumstantes principem terrae adventare. Tum ille: "Iustusne iudex est salutem patriae quaerens? Estne Christianae cultor fidei et defensor ac propagator[5]?" Respondent omnes: "Est et erit". Rursus ille: "Quaero igitur, quo me iure ab hāc sede dimoveat[6]?" Ait Goritiae comes: "Sexaginta denariis[7] abs[8] te hic locus emitur. Iumenta haec tua erunt (bovemque atque equam ostendens). Vestimenta quoque principis (quae paulo ante exuit) accipies, erit domus tua libera absque tributo." Quibus dictis rusticus levi alapā[9] principi datā bonum iudicem esse iubet; et surgens iumentaque secum ducens loco cedit. Princeps vero conscenso lapide nudum gladium manu vibrans ad omnem se partem convertit, aequum iudicium populo promittens. Ferunt et[2] aquam frigidam rustico illatam pileo[10] bibere, tamquam vini usum damnet. Deinde ad templum[11] sollemne pergit, quod in propinquo tumulo situm est, sanctae Mariae vocabulum habens et olim pontificale[12] fuisse traditur[13]. Ubi peractis sacrificiis princeps rustica indumenta[14] deponit paludamentumque[15] induit convivatusque[16] splendidē cum proceribus in prata revertitur ibique pro[17] tribunali sedens ius petentibus dicit et fundos[18] confert.

ACTIVA ET CONTEMPLATIVA

- Fasse den Ablauf der Inthronisation des Kärntner Herzogs kurz zusammen.
- Wie heißen die folgenden lateinisch bezeichneten Örtlichkeiten heute: **oppidum Sancti Viti – vallis spatiosa – vetustae civitatis reliquiae – templum ... Sanctae Mariae vocabulum habens**?

1 **Slavonicus**, -a, -um: slowenisch
2 **et = etiam**
3 **Carinthiani**, -orum *m. Pl.*: Kärntner
4 **Slaviae**, -arum *m. Pl.*: Slawen
5 **propagator**, propagatoris *m.*: Verbreiter
6 **dimoveo 2**: fortschaffen; **quo me iure ... dimoveat = quo iure me ... dimoveat**
7 **denarius**, -i *m.*: Silberstück (*Münze*)
8 **abs** + *Abl.* = **a** + *Abl.*
9 **álapa**, -ae *f.*: Ohrfeige
10 **pileus**, -i *m.*: Mütze
11 **templum sollemne**: heilige Kirche
12 **pontificalis**, pontificale: bischöflich
13 **traditur** + *NcI* = **dicitur** + *NcI*
14 **indumentum**, -i *n.* = **vestimentum**, -i n.
15 **paludamentum**, -i *n.*: Fürstenmantel
16 **convivor 1**: ein Gelage abhalten
17 **pro tribunali**: auf dem Richterstuhl (*nämlich auf dem „Herzogsstuhl" am Zollfeld*)
18 **confero (-ferre) fundos**: Lehen vergeben

Das Erdbeben in Villach (25. Jänner 1348)

Anno Domini 1348, octavo[1] Kalendas Februarii, hoc est in die conversionis[2] sancti Pauli, que[3] tunc in sextā feriā[4] occurrebat, horā fere vespertinā[5] factus est terremotus[6] tam magnus atque terribilis[7] per totam Almaniam[8], maxime autem per Carinthiam et Stiriam[8], adeo ut egregia civitas Villacensis[9] multaque castra ac ecclesie[10] eādem die corruerent[11]; et duravit plus quam 80 diebus[12] continue[13], ita quod unā noctium movere non cessavit, in die autem semper quievit[14] vel raro pulsavit[15], successive[16] vero per annum pene[17] duravit. Mirum[18] autem enarrandum[19] a progenie[20] in progenies. Cum civitas prefata[21] Villacensis corruit, pene omnes habitatores eius oppressit, et inter omnes incolas[22] suos decimus homo vix remansit[23].

Fuit[24] itaque tam fortis, ut etiam cacumina[25] in pluribus locis ad valles proiceret et aquarum fluentium[26] transitūs obstrueret[27]. Et retrorsum pluribus[28] diebus dederunt meatum[29], et retrorsum fluendo omnes villas ibidem[30] adiacentes totaliter submerserunt[31]. Post recessum[32] vero purgatis[33] transitibus in plerisque locis, ubi nusquam[34] ante vise[35] sunt aque, lacūs[36] non modici[37] remanserunt[23] et fontes aquarum largissimē effluxerunt[38].

[1] **octavo Kalendas = die octavo ante Kalendas …**
[2] **conversio**, conversionis *f.*: Bekehrung
[3] **que = quae; dies** *hier f.*
[4] **feria**, -ae *f.*: Wochentag (*Zählung ab Sonntag*)
[5] **vespertinus**, -a, -um: abendlich
[6] **terremotus = terrae motus** *m.*: Erdbeben
[7] **terribilis**, -e: schrecklich
[8] **Almania**, -ae *f.*: Deutschland; **Stiria = Styria**
[9] **civitas Villacensis** *f.*: die Stadt Villach
[10] **ecclesie = ecclesiae**
[11] **corruo 3**: einstürzen
[12] **80 diebus**: *Rektionsvertauschung* (*siehe S. 33*)
[13] **continuus**, -a, -um: ununterbrochen
[14] **quiesco 3**, quievi, quietum: sich beruhigen
[15] **pulso 1**: schlagen, stoßen
[16] **successivus**, -a, -um: nachfolgend
[17] **pene = paene** (*mittellat.*)
[18] **mirum**, i *n.*: wundersames Ereignis
[19] **enarro 1**: erzählen; *ergänze*: **est**
[20] **progenies**, progeniei *f.*: Generation
[21] **pr<a>efatus**, -a, -um: vorher genannt
[22] **incola**, -ae *m.*: Einwohner
[23] **remaneo 2**, -mansi: zurückbleiben
[24] *Subjekt*: **terrae motus**
[25] **cacumen**, cacuminis *n*: Gipfel (*gemeint ist der Dobratsch bei Villach*)
[26] **fluo 3**: fließen, strömen
[27] **obstruo 3**: versperren (*die Gail war zwischen Villach und Arnoldstein aufgestaut*)
[28] **pluribus diebus**: *Rektionsvertauschung* (*eigentlich*: wie lange? *siehe Seite 33*)
[29] **meatus**, meatus *m.*: Weg; **retrorsum meatum dare**: in die andere Richtung fließen; *Subjekt*: **aquae fluentes**
[30] **ibidem** (*Adv.*): (eben-)dort
[31] **submergo 3**, submersi: überfluten (*Villach und mehrere Dörfer wurden von der Flutwelle erfasst*)
[32] **recessus**, recessus *m.*: Rückgang
[33] **purgo 1**: reinigen
[34] **nusquam** (*Adv.*): nirgendwo
[35] **vise sunt aque = visae sunt aquae**

VOCABULARIUM

occurro 3, occurri, -cursum	sich zeigen; eintreten
adeo (*Adv.*)	so sehr
egregius, -a, -um	außergewöhnlich
ecclesia, -ae *f.*	Kirche
duro 1	andauern
cesso 1	nachlassen
rarus, -a, -um (*Adv.* **raro**)	selten
habitator, habitatoris *m.*	Einwohner
opprimo 3, oppressi, -pressum	überwältigen
fortis, -e	*auch*: stark
vallis, vallis *f.*	Tal
transitus, transitus *m.*	Durchzug
retrorsum (*Adv.*)	zurück
villa, -ae *f.*	Hof; Dorf
adiaceo 2, -ui, –	angrenzen
totalis, -e	gänzlich
fons, fontis *m.*	Quelle
largus, -a, -um	reichlich

Die österreichische Erdbebenstatistik geht bis 1201 zurück. Das Beben von 1348 hatte sein Epizentrum in Friaul. Es wird mit Stärke 9-10 nach Mercalli eingestuft.

Eine Sage aus Kärnten: Der Absturz des Dobratsch

Bevor das furchtbare Erdbeben des Jahres 1348 den Dobratsch wanken machte, so dass er zur Hälfte abstürzte und viele Ortschaften verschüttete, soll sich Folgendes zugetragen haben: Am Tage Pauli Bekehrung hörte man bei Roggau an der Gail eine starke Stimme: „Peter, schleif dein Schwert. Schneid weg den halben Berg! Maria Magdalen lass stehn. Das andere lass gehn!"

Petrus antwortete: „Ich kann nicht, es stehen noch drei Säulen." Gott sprach: „So lass halt die Säulen stehen!" Darauf folgte der Krach, der Berg spaltete sich in der Mitte, seine südliche Hälfte stürzte ins Gailtal hinab und verschüttete den Fluss und die Dörfer. Als die drei Säulen werden genannt: Zuerst eine Kapelle bei Neuhaus; dann ein Bauernhaus auf der Schutt. Hier war, so erzählt man, die fromme Bäuerin mit einem Mädchen allein zu Hause und gerade mit Brotbacken beschäftigt. Sie nahm das Brot vom Ofen und schickte das Mädchen in den Hof, um Schaten [Holzspäne] für das Feuer zu holen. Das Mädchen kam ohne Holz zurück und sagte: „Ich kann keine Schaten klauben, es ist alles voll weißer Tauben." Die Bäuerin und das Mädchen knieten sogleich zum Gebete nieder. Bald darauf hörten sie den furchtbaren Krach des Bergsturzes, ihnen aber geschah nichts. Das dritte, das vom Erdbeben verschont blieb, war die Kirche zu Siebenbrünn. In diese hatten sich die Schafe von der Weide geflüchtet. Die Spuren ihrer Füße sind noch heute in der Kirche zu sehen. Siebenbrünn aber heißt diese, weil alles ringsherum verschüttet wurde. Nur unterhalb der Kirche kommt von sieben Quellen Wasser hervor.

Weiter erzählen die Leute, dass die Pfarrkirche von Villach während des Gottesdienstes eingestürzt sei. Auf dem Kirchturm war ein Engel angebracht. Dieser fiel in der Italienerstraße an der Stelle nieder, wo heute noch ein Gasthaus „Zum Engelwirt" heißt. Auch wird erzählt, dass man noch drei Tage nach dem Erdbeben aus der Tiefe des Bodens herauf einen Hahn habe krähen hören.

Aus: Georg Graber, Sagen aus Kärnten. 6. Aufl., Leykam-Verlag, Graz 1944.

[36] **lacus**, lacus *m.*: See
[37] **modicus**, -a, -um: mäßig
[38] **effluo 3**, effluxi, –: herausströmen

Rudolf der Stifter[1]

1365, hic annus Rudolphi vitae supremus[2] fuit. Imminentem[3] mortem sensisse visus est, dum exeunte Ianuario[4] constituit, ut coenobio[5] Cellā[6] Mariae dicto et in Austriā sito annua[7] sui et Catharinae[8] uxoris memoria eo die, quo ipse atque eius coniunx obierit, celebretur[9]. Inde vero ea, quae in insigne urbis Viennensis decus[10] et emolumentum[11] diu secum meditatus[12] fuerat, hoc anno opere ipso explevit. Primum fuit celeberrima[13] academia[14] Viennensis: Inductus[15] quidem iam olim hanc in urbem ludus[16] litterarius fuerat. Quo vero tempore is initium coeperit, quemve[17] progressum habuerit, tacentibus[18] veterum monumentis incompertum[19] est. Hunc vero ludum[16] litterarium universitatem[20] seu academiam[14] non fuisse certum est. (...) Rudolphus igitur impetrato a pontifice diplomate[21], quo erigendae[22] academiae[14] omnesque, solā theologiā[23] exceptā, disciplinas[24] tradendi atque doctoratūs[25] insignia (...) accipiendi facultas concedebatur, IV.[26] Idūs Martii academiae[14] initium dedit, amplissimisque[27] litteris eius honori, emolumento[11] atque stabilitati[28] prospexit[29], utque plures ad eam incolendam allicerentur[30], privilegia[31] plurima adiecit. Albertus[32] Rinnstorffius urbis Lahae parochus primus academiae[14] rector renuntiatus[33] est.

(Fortsetzung auf Seite 110)

[1] *Der Text stammt aus Carolus Andrian, Epochae Habspurgo-Austriacae (Wien, 1762), S. 57f*
[2] **supremus**, -a, -um: letzter
[3] **immineo 2**: bevorstehen
[4] **Ianuarius** (mensis): Jänner
[5] **coenobium**, -i *n.*: Kloster
[6] **Cella** (-ae *f.*) **Mariae**: Maria Zell
[7] **annuus**, -a, -um: jährlich
[8] **Catharina**, -ae *f.*: Katharina
[9] **celebro 1**: feierlich begehen
[10] **decus**, decoris *n.*: Zier
[11] **emolumentum**, -i *n.*: Vorteil
[12] **meditor 1**: planen
[13] **celeber**, celebris, celebre: berühmt
[14] **academia**, -ae *f.*: Hochschule
[15] **induco 3**, induxi, -ductum: einrichten
[16] **ludus** (-i *m.*) **litterarius**: Lateinschule
[17] **-ve**: oder (*angefügt*; *vgl.* **-que**)
[18] **taceo 2**: schweigen
[19] **incompertus**, -a, -um: unbekannt
[20] **universitas**, universitatis *f.*: Universität
[21] **diploma**, diplomatis *n.*: Urkunde
[22] *die Gerundien* **erigendae**, **tradendi**, **accipiendi** *sind abhängig von* **facultas**
[23] **theologia**, -ae *f.*: Theologie
[24] **disciplina**, -ae *f. hier*: Wissensgebiet
[25] **doctoratus**, doctoratus m: Doktorat
[26] **IV. Idūs Martii** (mensis): 12. März
[27] **amplissimae litterae** (-arum *f. Pl.*): großzügiges Privileg
[28] **stabilitas**, stabilitatis *f.*: Bestand
[29] **prospicio 3**, prospexi, -spectum + *Dat.*: Vorsorge treffen für
[30] **allicio 3**, allexi, -lectum: anlocken; **eam = academiam**
[31] **privilegium**, -i *n.*: Privileg
[32] **Albertus Rinnstorffius urbis Lahae parochus**: Albert von Rickensdorf, der Stadtpfarrer von Laa
[33] **renuntio 1**: ernennen

VOCABULARIUM

dico 3, dixi, dictum	*auch*: nennen
situs, -a, -um	gelegen
insignis, insigne	ausgezeichnet
expleo 2, explevi, -pletum	erfüllen (*hier*: vollenden)
olim (*Adv.*)	einst
progressus, progressus *m.*	Fortschritt
pontifex, pontificis *m.*	Papst
erigo 3, erexi, erectum	errichten
excipio 3, excepi, -ceptum	ausnehmen (*auch*: aufnehmen)
insigne, insignis *n.*	Auszeichnung
facultas, facultatis *f.*	Möglichkeit
plurimus, -a, -um	am meisten, sehr viel

Die Wiener Universität

Die ***„Alma Mater Rudophina“*** *wurde im Jahre 1365 von Rudolf IV. „dem Stifter“ als zweite deutschsprachige Universität nach Prag (1348) gegründet. Aus der Stiftungsurkunde*:

> „Wir, Rudolf der Vierte, und Wir, Albrecht und Leopold, Gebrüder, von Gottes Gnaden Herzöge zu Österreich, setzen mit diesem Brief eine hohe, allgemeine, würdige und gefreitete [=privilegierte] Schule in unserer Stadt Wien, wo man nun fürbass ewiglich nach solcher Ordnung und Gewohnheit, wie als erstes einst in der Stadt zu Athen, der Hauptstadt der Griechen, darnach in Rom, in der Welten Hauptstadt, und hernach zu Paris, in Frankreichs Hauptstadt, geschehen ist, lesen, lehren und lernen soll alle göttlichen erlaubten und gewöhnlichen Künste von natürlicher guter Sitte und von geistlichen und weltlichen Rechten, wie uns das der allerheiligste in Gott, unser gnädiger Vater Urban der Fünfte erlaubt, verhängt und gegeben hat. Damit nun die hochwürdigen und weisen Meister aller Künste Bücher lesen und sie lehren können und damit die ehrbaren Studenten, Schüler und Jünger von fremden und heimischen Landen, manches ehrbarn Herrn und Biedermanns Kind, mit Gottes Hilfe und emsigem Fleiß vom Guten ins Bessere und von dem Besseren in das Allerbeste, von einer Tugend und Kraft in die andere allzeit wachsen können, bedürfen sie vor allen Dingen des Schutzes und der Bequemlichkeit und auch besonderer Freiheiten, Rechte und Gnaden, dass sie mit Ruhe und Frieden, würdig und unbelästigt von allen Leuten zu allen Zeiten, ohne Unterlass, Tag und Nacht in göttlicher Übung streng und ernsthaft ihren Studien und göttlichen Künsten obliegen und sie mit Gottes Hilfe begreifen mögen.“

Die Universitäten des Mittelalters waren in vier ***Fakultäten*** *gegliedert: die* ***Artistenfakultät*** *ist mit der heutigen Oberstufe des Gymnasiums vergleichbar. Hier studierte jeder Student die* ***„Septem artes liberales“****, die sieben freien Künste, bestehend aus* ***„Trivium“*** *(Grammatik, Rhetorik, Dialektik) und* ***„Quadrivium“*** *(Arithmetik, Geometrie, Astronomie und Musik), vgl. auch S. 67. Der Absolvent erhielt den Titel* ***„magister artium“****. Darauf bauten dann die anderen drei Fakultäten der* ***Theologie***, ***Jurisprudenz*** *und* ***Medizin*** *auf, die den Doktortitel verliehen. Alle vier waren in Wien erst seit 1384 vorhanden, nachdem der Papst auch der Errichtung einer theologischen Fakultät zugestimmt hatte.*

Alterum, quod Rudolphus Viennensi urbi addidit, ornamentum fuit canonicorum[1] collegium[2]. Quod unā[3] cum praeposito[4] dignitate ex sacello[5] aulico ad divi Stephani[6] basilicam[7] a se inceptam Urbani[8] V. auctoritate[9] transtulit. In reditūs[10] annuos[11] multa castra[12] terrasque contulit et amplissimis privilegiis praepositum[4] atque canonicos[1] ornavit.
His ex[13] voto constitutis, Rudolphus Mediolanum[14] ad Vicecomitem[15] Bernabovem, cuius filia Viridis[16] Leopoldo fratri desponsata[17] fuerat, profectus, ardenti febri[18] corripitur[19], confectisque ultimis tabulis, VI.[20] Kalendas Augusti obit. Corpus Viennam devectum[21] in sancti Stephani[6] aede repositum[22] fuit. Plura monasteria[23] de[24] novo erecta, collegium[3] canonicorum[1] inductum[25] et academia[26] fundata[27] Rudolpho fundatoris[28] nomen peperēre[29].

1 **canonici**, -orum *m. Pl.*: die Kanoniker (*Mitglieder eines Domkapitels*)
2 **collegium**, -i *n.*: Gemeinschaft
3 **unā** (*Adv.*): zusammen
4 **praepositus**, -i *m.*: Propst (*Vorsteher eines Domkapitels*); **cum praeposito dignitate**: mit einem Propst als Würdenträger
5 **sacellum** (-i *n.*) **aulicum**: Hofkapelle
6 **Stephanus**, -i *m.*: Stefan (*der heilige Stefan gilt als erster Märtyrer, vgl. Apostelg. 7*)
7 **basilica**, -ae *f.*: Basilika (*kirchenrechtl. Ehrentitel für eine Kirche*)
8 **Urbanus**, -i *m.* **V.**: Papst Urban V.
9 **auctoritas**, auctoritatis *f.*: *auch*: Vollmacht
10 **reditus**, reditus *m.*: Einkünfte; **conferre in** + *Akk.*: zur Verfügung stellen für
11 **annuus**, -a, -um: jährlich
12 **castrum**, -i *n.*: Burg
13 **ex voto**: wunschgemäß
14 **Mediolanum**, -i *n.*: Mailand
15 **Vicecomes Bernabos**, Vicecomitis Bernabovis *m.*: Bernabò Visconti (*Herzog von Mailand*)
16 **Viridis**, Viridis *f.*: Viridis (*weibl. Eigenname*: *„die Grüne"*)
17 **desponso 1** + *Dat.*: verloben mit
18 **febris**, febris *f.* (*I-Deklination*): Fieber
19 **corripio 3**: hinwegraffen
20 **VI. Kalendas Augusti** <mensis>: 27. Juli
21 **deveho 3**, devexi, devectum: überführen
22 **repono 3**, reposui, repositum: beisetzen
23 **monasterium**, -i *n.*: Kloster
24 **de novo**: neu (*Adv.*)
25 **induco 3**, induxi, inductum: einrichten
26 **academia**, -ae *f.*: Hochschule
27 **fundo** 1: stiften
28 **fundator**, fundatoris *m.*: Stifter
29 **peperēre = pepererunt**

VOCABULARIUM

addo 3, addidi, -ditum	hinzufügen
dignitas, dignitatis *f.*	Würde
divus, -a, -um	göttlich, heilig
incipio 3, incepi, -ceptum (*Perf.* = **coepi**)	anfangen
transfero, -ferre, transtuli, -latum	übertragen
confero, -ferre, contuli, collatum	zusammentragen (*auch*: vergleichen)
orno 1	schmücken
ardeo 2, arsi, –	brennen
tabulae, -arum *f.*	Schriftstück
tabulae ultimae *f. Pl.*	Testament
aedes, aedis *f.*	Kirche (*auch*: Tempel)
erigo 3, erexi, erectum	errichten
pario 3, peperi, partum	hervorbringen

ACTIVA ET CONTEMPLATIVA

- Warum bekam Rudolf den Beinamen Stifter? Was ist von seiner relativ kurzen Herrschaftsdauer von sieben Jahren geblieben?
- Versuche mehr über mittelalterliche Universitäten herauszufinden. Wo waren die berühmtesten? Wie waren sie organisiert? Wie sah das Leben von Studenten und Professoren aus?
- Rudolf der Stifter zeichnet für den gotischen Ausbau des Wiener Stefansdoms verantwortlich. Was sind Kennzeichen gotischer Bauweise? Welcher Baustil geht der Gotik voran? Was kennzeichnet diesen? Ein kleines fächerübergreifendes Projekt mit Bildnerischer Erziehung bzw. Geschichte könnte darüber Aufschluss geben.

Rudolf der Stifter

*Herzog **Rudolf IV.** (1339-1365) war wohl der bedeutendste österreichische Landesfürst des Spätmittelalters. Vielleicht als Antwort auf die **Goldene Bulle**, mit der sein Schwiegervater, Kaiser **Karl IV.**, die Königswahl geregelt und dabei den Habsburger nicht berücksichtigt hatte, ließ er 1358/59 die so genannten österreichischen Freiheitsbriefe mit dem „**Privilegium maius**" fälschen, um für sein Haus und seine Länder eine den Kurfürsten gleiche Stellung zu gewinnen. So legte er sich beispielsweise den Titel Erzherzog zu. Demselben Zweck dienten einige von ihm erdachte königsähnliche Insignien. Als der Humanist **Petrarca** die Fälschung aufgedeckt hatte, brachte der Kaiser seinen Schwiegersohn dazu, auf manches wieder zu verzichten. Rudolf IV. baute nichtsdestoweniger seine Landesherrschaft erfolgreich aus. 1363 gelang ihm die **Erwerbung Tirols** (vgl. S. 112f). Mit dem Kö-nig von Ungarn und den Luxemburgern in Böhmen und Mähren wurden Erbverträge geschlossen. Seinen Beinamen „**der Stifter**" erlangte Rudolf, weil er u.a. die **Universität Wien** gründete und den **gotischen Ausbau** von **St. Stephan** veranlasste, an dem fast hundert Jahre gearbeitet wurde. Die Einrichtung eines **Domkapitels** samt Propst sollte gleichfalls die Würde von Haus und Land erhöhen und darf als wichtige Vorstufe zur Erhebung Wiens zum Bistum gelten, die 1469 erfolgte.*

Wie Tirol an Österreich kam[1]

Die Gräfin von Tirol, Margarethe, hatte die Habsburger als Erben eingesetzt für den Fall, dass sie ohne Nachfolger bliebe. Als 1363 Margarethes Sohn Meinhard stirbt, macht sich Rudolf IV. auf den Weg nach Tirol ...

Rudolphus Austriae dux, cognitā Maynhardi[2] morte, viarum, quas densissimae[3] nives[4] fere impervias[5] fecerant, difficultatibus feliciter superatis ad Margaretam[6] se quantocius[7] contulit, suāque sollertiā[8] effecit, ut in ordinum conventu VII.[9] Kalendas Februarii Bolzani[10] celebrato Margareta[6] ea omnia, quae Monachii[11] spoponderat[12], confirmaret et comitatūs Tyrolensis[13] atque dicionum[14], quas in Bavariā possidebat, heredes atque dominos Rudolphum ceterosque fratres solemni[15] ritu declararet[16], eā tamen adiectā condicione, ut, dum ipsa viveret, provinciae administratio[17] atque eiusdem proventūs[18] sibi relinquerentur, Rudolphus vero Margaretam[6] contra omnes hostes defendendam susciperet. Condiciones has a quattuordecim praecipuis proceribus[19] subscriptas cum approbasset[20] Rudolphus, tunc quidem Tyroli abscessit[21], verum[22] mobilis[23] sexūs inconstantiam[24] pertimescens[25], haud multo post eo rediit, tantāque dexteritate[26] Margaretae[6] animum adortus est, ut ea se comitatūs administratione[17] abdicaverit[27] atque Rudolpho eiusque fratribus plenā potestate gubernandum[28] ex ordinum III.[29] Idūs Septembris congregatorum placito[30], tradiderit.

1 *Der folgende Text stammt aus: Carolus Andrian, Epochae Habspurgo-Austriacae (Wien, 1762), 54f*
2 **Maynhardus**, -i *m.*: Meinhard (*männl. Eigenname*)
3 **densus**, -a, -um: dicht
4 **nix**, nivis *f.*: Schnee
5 **impervius**, -a, -um: unpassierbar
6 **Margareta**, -ae *f.*: Margarethe Maultasch
7 **quantocius** (*Adv.*): schleunigst
8 **sollertia**, -ae *f.*: Geschick
9 <ante diem> **VII. Kalendas Februarii** <mensis>: am 25. Jänner
10 **Bolzanum**, -i *n.*: Bozen (*Stadt in Südtirol*); **celebro 1**: feierlich abhalten
11 **Monachium**, -i *n.*: München (*Stadt in Bayern*)
12 **spondeo 2**, spopondi, sponsum: geloben
13 **Tyrolensis**, Tyrolense: von Tirol
14 **dicio**, dicionis *f.*: Herrschaft(sgebiet)
15 **solemni ritu**: in feierlicher Zeremonie
16 **declaro 1**: erklären
17 **administratio**, administrationis *f.*: Verwaltung
18 **proventus**, proventus *m.*: Ertrag
19 **proceres**, procerum *m. Pl.* Adelige; **subscriptus**, -a, -um: unterschrieben
20 **approbo 1**: billigen; **approbasset = approbavisset**
21 **abscedo 3**, abscessi, abscessum + *Abl.*: fortgehen aus
22 **verum** (*Adv.*): aber
23 **mobilis**, mobile: wankelmütig
24 **inconstantia**, -ae *f.*: Unbeständigkeit
25 **pertimesco 3**: sehr in Furcht geraten
26 **dexteritas**, dexteritatis *f.*: Gewandtheit
27 **abdico 1 me** + *Abl.*: verzichten auf
28 **guberno 1**: regieren; (comitatum) **gubernandum ... tradiderit**
29 <ante diem> **III. Idūs Septembris** <mensis>: am 11. September
30 **placitum**, -i *n.*: Beschluss; *verbinde*: **ex** (= infolge + *Gen.*) ... **placito**

VOCABULARIUM

via, -ae *f.*	Weg
difficultas, difficultatis *f.*	Schwierigkeit
felix (*Gen.*: felicis)	glücklich
efficio 3, effeci, -fectum	bewirken
conventus, conventus *m.*	Versammlung
praecipuus, -a, -um	besonders
sexus, sexus *m.*	Geschlecht
haud	nicht
multo	viel
adorior 4, adortus sum	*hier*: an etwas rühren
plenus, -a, -um	voll
congrego 1	versammeln

Margarethe Maultasch
Margarethe Maultasch war die Erbin der Grafschaft Tirol und des Herzogtums Kärnten und wurde bereits als Kind mit dem böhmischen Luxemburger Johann Heinrich vermählt. Als 1335 ihr Vater starb, vermochte sie Tirol, unterstützt von ihrem Schwager, dem Luxemburger und späteren Kaiser Karl IV., zu behaupten. Kärnten hingegen kam an die Habsburger. Da sie sich aber von ihrem Mann zurückgesetzt fühlte, verstieß sie ihn mit Hilfe der bayrischen Wittelsbacher und des Tiroler Adels. 1342 ehelichte sie den Wittelsbacher Markgrafen Ludwig von Brandenburg. Der „Eheskandal" erregte größtes Aufsehen. Papst Benedikt XII. verhängte den Bann über das Fürstenpaar. Nach dem Tode Ludwigs 1361 und ihres gemeinsamen Sohnes Meinhard 1363 übertrug Margarethe ihre Herrschaftsrechte den nächsten Verwandten, den Habsburgern Rudolf IV., Albrecht III. und Leopold III. Damit begründete sie die Vereinigung Tirols mit Österreich.

Margarethe Maultasch – ein Opfer übler Nachrede[1]?

Nam olim ducum Bavariae comitatus Tyrolis erat, et ea portio[2] data fuit dominae Margaretae[3], quam propter eius **turpitudinem** nominabant Multesch[4], quia excessivā[5] oris **latitudine deformis** et quasi monstruosa[6] erat, ut referre solet vulgus, eratque de **ingenuo** Meranorum[7] sanguine, cui nullus princeps **copulari** voluit propter **turpitudinem**, quamvis esset abundantissima[8] et industriosa[9]. Quae dum Venerem **avidissime appeteret** et cooperator[10] nullus accederet, amissā **femineā pudicitiā divulgari** praecepit, ut, quicumque eius frui[11] vellet concubitu, veniret et eam terramque suam possideret[12]. Multi autem nobiles ad eam successivē[13] accesserunt, qui omnes perditi[14], amplius[15] non fuerunt visi. Erat enim femina **inhumanā** formā et specie et libīdinis[16] cupīdine **bestialis** ut Semiramis[17], et quia inter nobiles nullus Priapus[18] erat, qui eius **bestialitatem satiare** posset, irata naturali disciplinae[19] omnes **peremit**. Porro tunc[20] temporis erat dux quidam Austriae, multis ornatus filiis, qui audiens venalem tam **elegantem** patriam cum unā turpi bestiā, misit unum de filiis suis, **robustissimum**, ut acciperet ambo.

[1] *Schlage die* **fett gedruckten** *Wörter im Wörterbuch nach. Der Text stammt aus: Fratris Felicis Fabri Evagatorium in Terrae Sanctae, Arabiae et Egypti peregrinationem (ed. Cunradus Dietricus Hassler, vol. III, Stuttgartiae 1849, S. 458f)*
[2] **portio**, portionis *f.*: Abschnitt
[3] **Margareta**, -ae *f.*: Margarethe
[4] **Multesch**: „Maultasch"
[5] **excessivus**, -a, -um: übermäßig
[6] **monstruosus**, -a, -um: scheußlich
[7] **Merani**, -orum *m. Pl.*: Meraner (*Meran war mit Schloss Tirol Stammsitz der Grafen von Tirol*)
[8] **abundans** (*Gen.*: abundantis): begütert
[9] **industriosus**, -a, -um: sehr fleißig
[10] **cooperator**, cooperatoris *m.*: Partner
[11] **fruor 3** + *Abl.*: genießen
[12] **possido 3**: in Besitz nehmen
[13] **successivē**: nach einander
[14] **perdo 3**, perdidi, -ditum: zugrunde richten
[15] **amplius non = non iam**
[16] **libīdo**, libīdinis *f.*: Wollust
[17] **Semiramis**, Semiramis *f.*: Semiramis (*Königin von Babylon. vgl. S. 40f*)
[18] **Priapus**, -i *m.*: Priap (*Fruchtbarkeitsgott mit überdimensionalem Glied*)
[19] **disciplina**, -ae *f. hier*: (sexuelle) Zurückhaltung; **naturali disciplinae**: *Dat. anstelle von Abl. causae*: wegen
[20] **tunc temporis = eo tempore**

Iuvenis autem **collectis** viribus ingressus est Tyrolim et perductus ad dominam Multesch[1], quae eum statim in thalamum[2] rapuit. Cum autem iuvenis nihil **delectabile** in eā cerneret, in memoriam duxit delicabilem[3] regionem seque in amorem odibilis[4] feminae commovit, sicut Boreas[5] in equas Dardani[6] exarsit[7], et sicut Pasiphaë, filia Solis, uxor Minois, ab iratā Venere infausti amoris flammis succensa amavit taurum et artificio[8] Daedali in eius venit concubitum et ex eo suscepit et peperit medium taurum et medium hominem. Sic et[9] hic princeps accensus a Venere concubuit cum **deformi** Multesch[1] et copiosissimam subolem ex eā suscepit tam bestiarum quam hominum, id est, regionem omnibus bonis affluentem[10] ex illo meruit concubitu. Verum[11] statim **celebratis** nuptiis ipsam uxorem filius ad patrem misit, quae numquam reversa in alienā terrā obiit et ducibus Austriae hereditario iure terram illam dereliquit[12]. Quam possident non sine invidentiā domūs[13] Bavariae usque in hodiernum diem.

ACTIVA ET CONTEMPLATIVA

Die vorliegende Erzählung stammt vom deutschen Mönch **Felix Faber**, der Ende des 15. Jahrhunderts nach einer Pilgerreise in Innsbruck Halt machte.

- Wie ist das Bild der Margarethe Maultasch hier verzeichnet? Vergleiche die hier erzählte Geschichte mit den historischen Fakten (S. 113). Was ist frei erfunden, was hat einen historischen Kern, was ist historisch belegbar?
- Versuche mehr über die Geschichte Tirols im Mittelalter herauszufinden.

Die bis heute lebendige Bekanntheit Margarethes hängt gewiss auch mit dem seit etwa 1400 bezeugten Beinamen „Maultasch" zusammen, der wohl auf die böhmische und päpstliche Propaganda gegen sie zurückgeht und nicht auf einer Verunstaltung ihrer Mundpartie beruht. Manche Chronisten bezeichnen sie sogar als ausnehmend schön. Nichtsdestoweniger zeitigte die Propaganda Wirkung, sodass sie bis heute in Tiroler und Kärntner Volkssagen als „böse Gretl" fortlebt.

[1] **Multesch**: „Maultasch"
[2] **thalamus**, -i *m.*: Schlafgemach
[3] **delicabilis**, delicabile: lieblich
[4] **odibilis**, odibile: hassenswert
[5] **Boreas**, -ae *m.*: Boreas (*Nordwind; er soll mit einer Stute des Königs Danaos zwölf Fohlen gezeugt haben*)
[6] **Dardanus**, -i *m.*: Dardanos (*ein Stammvater Trojas*)
[7] **exardeo 2**, exarsi, – **in** + *Akk.*: (in Liebe) entbrennen zu
[8] **artificium**, -i *n.*: Handwerkskunst (*Daedalus baute für Pasiphaë ein Kuhgerüst, in das sie schlüpfte, um sich mit dem Stier zu vereinen*)
[9] **et = etiam**
[10] **affluo 3** + *Abl.*: Überfluss haben an
[11] **verum** (*Adv.*): aber
[12] **derelinquo 3**, dereliqui, derelictum: hinterlassen
[13] **domus**, domus *f. hier*: Fürstenhaus

„Alt-Wiener Gemütlichkeit“

Enea Silvio Piccolomini, der spätere Papst Pius II., kam Mitte des 15. Jahrhunderts als Sekretär des Habsburgers Friedrich III. nach Wien. In der Folge beschrieb er nicht nur die Stadt und ihre Lage, sondern auch ihre Einwohner[1]:

Incredibile videri potest, quot[2] per dies singulos in civitatem victualia[3] ingeruntur[4], ovorum[5] atque cancrorum[6] multae quadrigae adveniunt; pistus[7] panis, carnes, pisces, volatilia[8] sine numero afferuntur[9]. Ubi advesperascit[10], nihil venale ex his invenies. Vindemia[11] hic ad quadraginta dies protenditur[12], nullo[13] non die trecenti currūs onusti[14] vino bis terque inferuntur, ducentos[15] et mille equos in dies ad opus vindemiarum[11] exercent. Et villis praeterea ad[16] festum usque Martini libertas omnibus est vinum in urbem redigere[17]. Incredibile dictu[18] est, quanta vis inducatur[19] vini, quod vel Viennae bibitur[20] vel ad extraneos[21] per Danubium[22] contra cursum aquae magno labore mittitur. Ex vino, quod Viennae venditur[23] minutim[24], decimus denarius[25] principi cedit. Ea res auri duodecim[26] milia quotannis ad cameram[27] defert, in reliquum[28] parum oneris[29] civibus inest[30].

(Fortsetzung auf Seite 118)

[1] *Der Text stammt aus Enea Silvio Piccolomini, Historia Friderici III. praef.*
[2] **quot** (*indekl.*): wie viele
[3] **victualia**, victualium *n. Pl.*: Lebensmittel
[4] **ingero 3**: einführen; **ingeruntur**: *Ind. statt Konj. in indir. Frage*
[5] **ovum**, -i *n.*: Ei
[6] **cancer**, cancri *m.*: Krebs
[7] **pistus**, -a, -um: fein gebacken
[8] **volatilia**, volatilium *n. Pl.*: Geflügel
[9] **affero**, -ferre, attuli, allatum: herbeibringen
[10] **advesperasco 3**: Abend werden
[11] **vindemia**, -ae *f.*: Weinlese
[12] **protendo** 3: ausdehnen
[13] **nullo non die = omni die**
[14] **onustus**, -a, -um: beladen
[15] **ducenti**, -ae, -a: 200; **exercent**: *3. Pers. Pl.* = man
[16] **ad festum usque Martini = usque ad festum Martini**: bis zum Martinsfest (*11. November*); **villis ... omnibus** (*Dat. poss.*) **libertas est** + *Inf.*
[17] **redigo 3**: liefern
[18] **dictu** (*Supinum auf -u*): zu sagen
[19] **induco 3**: einführen
[20] **bibo 3**: trinken
[21] **ad extraneos**: ins Ausland
[22] **Danubius**, -i *m.*: Donau
[23] **vendo 3**: verkaufen
[24] **minutim** (*Adv.*): im Einzelhandel
[25] **denarius**, -i *m.*: Silbermünze (Taler)
[26] **auri duodecim milia**: 12.000 Gulden
[27] **camera**, -ae *f.*: Kasse
[28] **in reliquum**: ansonsten
[29] **onus**, oneris *n.*: Belastung
[30] **insum**, -esse + *Dat.*: auferlegt sein

VOCABULARIUM

quadrigae, -arum *f. Pl.*	Viergespann (*hier*: Wagenladungen)	**ter** (*Adv.*)	dreimal
panis, panis *m.*	Brot	**trecenti**, -ae, -a	dreihundert
caro, carnis *f.*	Fleisch	**in dies**	Tag für Tag
piscis, piscis *m.*	Fisch	**exerceo 2**	üben, plagen
venalis, venale	käuflich	**villa**, -ae *f.*	Hof, Dorf
quadraginta (*indekl.*)	vierzig	**cursus**, cursus *m.*	Lauf
vis, vim, vi *f.*	*auch*: Menge	**cedo 3**, cessi, cessum + *Dat.*	gehen an
vel – vel	entweder – oder	**aurum**, -i *n.*	Gold
currus, currus *m.*	Wagen	**quotannis** (*Adv.*)	alljährlich
bis (*Adv.*)	zweimal	**parum** (*Adv.*)	zu wenig (*hier nur*: wenig)

Ars Grammatica: *Vorsilben erkennen und Zeit beim Vokabellernen sparen* (*vgl. auch die Seiten 49, 83, 101*):

Vorsilbe	Bedeutung	Beispiel		Übersetzung
in-	hinein-, an-	ingero 3 incipio 3	(in – gero) (in – capio)	hinein-tragen an-fangen
re-, red-	zurück-, hin-	redigo 3 redire	(re – ago) (re – ire)	hin-treiben zurück-kehren („zurück-gehen“)
sub-, sus-	unter-	suscipio 3 subscribo 3	(sub – capio) (sub – scribo)	unter-nehmen unter-schreiben
tra-, trans-	hinüber-, über-	trado 3 transfero	(trans – do) (trans – fero)	(hin)über-geben (hin)über-tragen

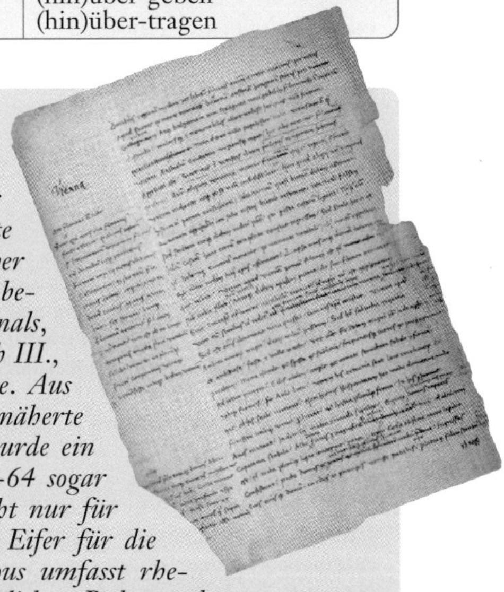

Enea Silvio Piccolomini

Enea Silvio Piccolomini wurde 1405 in Siena geboren. Er beschäftigte sich schon sehr früh mit Studien der Altertumswissenschaften und Jurisprudenz und erlangte schließlich als Humanist, Dichter und Geschichtsschreiber große Bedeutung. Sein Leben verlief sehr wechselhaft, begonnen hat er seine Karriere als Sekretär eines Kardinals, 1442 trat er in den Dienst des späteren Kaisers Friedrich III., als dessen Sekretär er einige Jahre in Wien verbrachte. Aus dieser Zeit stammt auch der nebenstehende Text. Später näherte er sich wieder den herrschenden kirchlichen Kreisen, wurde ein eifriger Verfechter des Papsttums und bekleidete 1458-64 sogar selbst dieses Amt. Als Papst **Pius II.** *setzte er sich nicht nur für kirchliche Belange ein, sondern trat auch mit großem Eifer für die Förderung des Humanismus ein. Sein vielfältiges Opus umfasst rhetorische, geschichtliche, erdkundliche Schriften sowie Gedichte, Reden und Briefe. Der von ihm gegen die Türken geplante Kreuzzug wurde 1464 durch seinen Tod verhindert.*

Sodann widmet sich Piccolomini dem „goldenen Wienerherz“:

Ceterum in tantā et tam nobili civitate multa enormia[1] sunt. Die noctuque rixae[2] ad[3] modum proelii geruntur; nunc artifices contra studentes[4], nunc curiales[5] in artifices, nunc isti opifices[6] adversus alios arma sumunt. Rara celebritas[7] absque homicidio[8] peragitur[9], frequentes[10] caedes committuntur. Ubi rixa[3] est, non sunt, qui dividant contendentes; neque magistratūs neque principes custodiam, ut[11] par esset, ad tanta mala adhibent. Vinum domi vendere[12], nihil existimationi[13] officit[14]: Omnes fere cives vinarias[15] tabernas colunt, stubas[16] calefaciunt[17], coquinam[18] instruunt, bibulos et meretrices[19] accersunt[20] hisque cibi aliquid cocti gratis[21] praebent, ut amplius[22] bibant[23]; sed minorem mensuram[24] his dant. Plebs ventri[25] dedita, vorax[26], quidquid hebdomadā[27] manu quaesivit, id festo[28] die totum absumit[29]. Lacerum[30] et incompositum[31] vulgus; meretricum[19] maximus numerus. (...) Pauci in civitate sunt, quorum proavos[32] vicinia norit[33]. Rarae familiae vetustae[34], advenae[35] aut inquilini[36] fere omnes.

1 **enormis**, enorme: abnormal
2 **rixa**, -ae *f.*: Schlägerei
3 **ad** + *Akk. hier*: nach
4 **studens**, studentis *m.*: Student
5 **curialis**, curialis *m.*: Höfling
6 **opifex**, opificis *m.*: Arbeiter
7 **celebritas**, celebritatis *f.*: Fest; **rara**: *übersetze als Adv.*
8 **homicidium**, -i *n.*: Mord
9 **perago 3**: vorbeigehen
10 **frequens** (*Gen.*: frequentis): häufig; **frequentes**: *übersetze als Adverb zu* **committo 3**
11 **ut par esset**: wie es sich eigentlich gehörte
12 **vendo 3**: verkaufen
13 **existimatio**, existimationis *f.*: (guter) Ruf
14 **officio 3**: schaden
15 **taberna** (-ae *f.*) **vinaria**: Weinschenke („Heuriger“)
16 **stuba**, -ae *f.*: Stube
17 **calefacio 3**: heizen
18 **coquina**, -ae *f.*: Küche
19 **meretrix**, meretricis *f.*: Dirne
20 **accerso 3**: herbeiholen
21 **gratis** (*Adv.*): kostenlos
22 **amplius** (*Adv.*): weiter
23 **bibo 3**: trinken
24 **mensura**, -ae *f.*: Maß
25 **venter**, ventris *m.*: Magen
26 **vorax** (*Gen.*: voracis): verfressen
27 **hebdomada**, -ae *f.*: Woche
28 **festus**, -a, -um: Feier-...
29 **absumo 3 = consumo 3**
30 **lacer**, -era, -erum: zerlumpt
31 **incompositus**, -a, -um: verwahrlost
32 **proavus**, -i *m.*: Vorfahr
33 **novisse** (*Perf. mit Präsensbedeutung*): kennen; **norit** **= noverit**
34 **vetustus**, -a, -um: alt; *zu* **vetustae** *ergänze* **sunt**
35 **advena**, -ae **m.**: Fremder
36 **inquilinus**, -i *m.*: Zuwanderer

VOCABULARIUM

ceterum (*Adv.*)	übrigens
artifex, artificis *m.*	Handwerker (*auch*: Künstler)
iste, ista, istud	dieser, diese, dieses
adversum / adversus (+ *Akk.*)	gegen
rarus, -a, -um	selten
caedes, caedis *f.*	*auch*: Mord
contendo 3, contendi, -tentum	*auch*: kämpfen
malum, -i *n.*	Übel
adhibeo 2	hinzuziehen
colo 3, colui, cultum	pflegen (*hier*: betreiben)
bibulus, -i *m.*	Zecher
cibus, -i *m.*	Speise
coquo 3, coxi, coctum	kochen
praebeo 2	darbieten
minor, minus	kleiner
dedo 3, dedidi, -ditum	hingeben (*auch*: ausliefern)
quidquid	was auch immer
quaero 3, quaesivi, quaesitum	*auch*: erwerben
vulgus, -i ***n.***	Pöbel

ACTIVA ET CONTEMPLATIVA

- Was ist die wirtschaftliche Grundlage Wiens zur Zeit Piccolominis? Wie verdient der Landesherr daran?
- Wie charakterisiert Piccolomini die Bevölkerung Wiens in vorliegendem Text? Was berichtet er über ihre Vorlieben, was über ihre Moral? Welches Klischee vom Wiener fehlt auch in dieser Beschreibung nicht?

Splitter aus der Geschichte Wiens im 15. Jahrhundert

1438: *Mit der Wahl Herzog Albrechts V. zum deutschen König (Albrecht II.) wird Wien Reichshauptstadt.*

1450: *Hans Puchspaum beginnt den Bau des Nordturms von St. Stephan.*

1461: *Kaiser Friedrich III. verleiht Wien das Wappen mit dem Doppeladler.*

1462: *Wolfgang Holzer, ein Anhänger Erzherzog Albrechts VI. (Gegenspieler Friedrichs III.), wird Wiener Bürgermeister. Friedrich III. wird in der Wiener Burg belagert, Albrecht zieht in Wien ein. Im Jahr darauf wendet sich Holzer gegen Albrecht und wird in der Folge hingerichtet. Nach Albrechts Tod unterwirft sich Wien Friedrich III.*

1469: *Wien wird Bischofssitz, St. Stephan wird Kathedrale und Leopold Graf Spaur der erste Bischof.*

1485–1490: *Der Ungarnkönig Matthias Corvinus ist Herr von Wien. Nach Corvinus' Tod erobert Maximilian I. die Stadt zurück.*

Tu, felix Austria, nube!

Der reiche Herzog von Burgund, Karl der Kühne, der stets darauf aus war, seine Stellung gegenüber Frankreich und dem Deutschen Reich auszubauen, sieht sich auf Grund militärischer Rückschläge veranlasst, mit Kaiser Friedrich III. in Verhandlungen zu treten[1]*:*

Actum dein de pace est, quae tandem pridie[2] Kalendas Iunii inter Fridericum et Carolum Burgundum[3] convenit[4]: Inter praecipuas pacis conditiones erat, ut Maria Caroli filia Maximiliano Caesaris filio desponderetur[5], eā lege[6], ut, si Carolus sine masculā[7] prole[8] decederet[9], Maximilianus et Maria omnes eius provincias obtinerent. Pace conclusā[10], Carolus Helveticum[11] bellum meditans[12] in Burgundiam[13], Fridericus vero dimisso exercitu in Austriam rediit. (…)

Als Karl der Kühne aber im Kampf gegen die Schweizer bei Nancy 1477 Schlacht und Leben verliert, zeigt auch der französische König Ludwig reges Interesse am burgundischen Erbe:

Carolo Burgundiae[13] duce ad Nanceium[14] caeso, Maria eius filia a praesentibus provinciarum suarum ordinibus fidei sacramentum Gandavi[15] exigit[16]. Ludovicus Galliarum[17] rex, qui nobilissimas has provincias suo regno adicere cupiebat, multa in Burgundiā[13] loca occupat. Inde ad Mariam de violatā pace conquerentem[18] legatos mittit, qui ab eā peterent, ut Galliae[17] delphinum[19] in maritum[20] accipiat neque alteri nisi de regis voluntate nubat[21], ingentem pecuniae vim exsolvat[22], Burgundiam[13], comitatum[23] Bononiensem atque Artesiam[24] tradat. Haec Galliae[17] regis postulata eiusque in Artesiam[24] irruptio[25] ad maturandam[26] desponsationem[27] cum[28] Mariam, tum provinciarum ordines impulerunt[29].

(Fortsetzung auf Seite 122)

[1] *Der folgende Text stammt aus*: *Carolus Andrian, Epochae Habspurgo-Austriacae* (*Wien, 1762*), *96ff*

[2] **pridie Kalendas Iunii**: am Vortag der Kalenden des Juni (= 31. Mai), *und zwar 1474*

[3] **Burgundus**, -i *m.*: von Burgund

[4] **convenit** *hier*: kam zustande

[5] **despondeo 2**, despondi, -sponsum + *Dat.*: verloben mit

[6] **lex**, legis *f.*: Bedingung

[7] **masculus**, -a, -um: männlich

[8] **proles**, prolis *f.*: Nachkommenschaft

[9] **decedo 3** (*ergänze*: **ex vitā**): verscheiden

[10] **concludo 3**, conclusi, -clusum: schließen

[11] **Helveticus**, -a, -um: Schweizer

[12] **meditor 1**: planen

[13] **Burgundia**, -ae *f.*: Burgund

[14] **Nanceium**, -i *n.*: Nancy (*Stadt in Lothringen*)

[15] **Gandavum**, -i *n.*: Gent (*Stadt in Belgien*)

[16] **exigo 3**, exegi, -actum: verlangen

[17] **Gallia**, -ae (*auch Pl.*): Frankreich

[18] **conqueror 3**: beklagen

[19] **delphinus**, -i *m.*: Dauphin (*Titel des franz. Thonfolgers*)

VOCABULARIUM

dein(de) (*Adv.*)	hierauf	**cupio 3**, cupivi, cupitum	begehren
Cárolus, -i *m.*	Karl	**violo 1**	verletzen
praecipuus, -a, -um	besonders	**vis** (*Akk.* **vim**, *Abl.* **vi**) *f.*	*auch*: Menge
caedo 3, cecīdi, caesum	töten	**postulatum**, -i *n.*	Forderung
sacramentum, -i *n.*	Eid		

ACTIVA ET CONTEMPLATIVA

- Der Wahlspruch Kaiser Friedrichs III. lautete: **AEIOU**. Die Bedeutung dieser Abkürzung ist nicht geklärt und wird verschiedentlich gedeutet. Lies und übersetze die beiden nachfolgenden Deutungen:

  Austriae est imperare orbi universo: ______________________

  Austria erit in orbe ultima: ______________________

Der Habsburger ***Friedrich III.*** *(1415-1493) war der letzte in Rom vom Papst gekrönte Kaiser (1452). In seiner langen Regierungszeit musste er viele Rückschläge hinnehmen. So verlor er vorübergehend Ostösterreich an den Ungarnkönig* ***Matthias Corvinus****. Sein größter Erfolg bestand darin, dass er alle seine Gegner überdauerte. Durch* ***Maximilians*** *Ehe mit Maria legte er auch die Grundlage für den Aufstieg Österreichs zur Großmacht.*

Karl der Kühne *(1433-1477) war als Sohn und Nachfolger Philipps des Guten der letzte Herzog von Burgund. Seine ehrgeizigen Pläne, in Rivalität zu Frankreich ein einheitliches Königreich Burgund zu schaffen, scheiterten letztlich am Widerstand seiner Gegner. Seine Tochter* ***Maria von Burgund*** *(links, Buchillustration 19. Jhdt., nach einem Kupferstich aus dem 15. Jhdt.) brachte den stets in Geldnöten befindlichen Habsburgern eine reiche Mitgift ein.*

20 **maritus**, -i *m.*: Ehemann
21 **nubo 3** + *Dat.*: heiraten (*von Seiten der Frau*)
22 **exsolvo 3**: zahlen
23 **comitatus** (*Gen.*: comitatus *m.*) **Bononiensis**: Grafschaft von Boulonnois (*in Frankreich*)
24 **Artesia**, -ae *f.*: Artois (*Grafschaft in Frankreich*)
25 **irruptio**, irruptionis *f.*: Einfall
26 **maturo 1**: rasch herbeiführen
27 **desponsatio**, desponsationis *f.*: Verlobung
28 **cum – tum**: sowohl – als auch
29 **impello 3**, impuli, -pulsum: drängen

Habitā itaque inter proceres[1] de eligendo Mariae sponso Gandavi[2] consultatione[3], (...) delphino[4] (...) praelatus[5] est Maximilianus Friderici Caesaris filius, in quem Maria ipsa Caroli parentis voluntatis atque promissorum[6] conscia[7] potissimum[8] inclinabat[9]. Aderant opportunē Caesaris Friderici legati Metensis[10] episcopus, Ludovicus Bavariae dux, et Haslerus[11] aulae cancellarius, qui a Mariā Friderici nomine peterent, ut eas nuptias, quas iam Carolus parens sanciverat[12] quasque ipsa, missis ad Maximilianum epistulis[13] inclusoque ingentis pretii adamante[14], probaverat, ratas habeat. Maria, auditis legatorum postulatis, convocato procerum[1] consilio, exponit: sibi parentis voluntatem pro regulā[15] esse; de[16] eius imperio se epistulas[15] atque adamantem[16] Maximiliano submisisse[17]; nuptias etiam, in quibus patris optimi mentem expleat, se ocius[18] perfecturam. Legati de Mariae assensu[19] edocti[20] laeti[21] Lovanium[22] ad Brabantiae[23] ordinum comitia[24] profecti sunt. Eo in conventu Maximiliani cum Mariā nuptiae plenā procerum[1] consensione[25] firmatae[26] fuēre. Sextā[27] igitur et vicesimā Aprilis[28] Maria Maximiliano desponsata[29] est, Ludovico Bavariae duce eiusdem personam[30] sustinente[31].

(Fortsetzung auf Seite 124)

[1] **proceres**, procerum *m. Pl.*: die Adeligen
[2] **Gandavum**, -i *n.*: Gent (*Stadt in Belgien*)
[3] **consultatio**, consultationis *f.*: Beratung
[4] **delphinus**, -i *m.*: „Dauphin" (*franz. Thonfolger*)
[5] **praefero**, -ferre, praetuli, -latum: vorziehen
[6] **promissum**, -i *n.*: Versprechung
[7] **conscius**, -a, -um + *Gen.*: sich bewusst + *Gen.*
[8] **potissimum** (*Adv.*): am ehesten
[9] **inclino 1 in** + *Akk.*: neigen zu
[10] **Metensis**, Metense: von Metz (*Stadt in Lothringen*)
[11] **Haslerus aulae cancelarius**: Hofkanzler Hasler
[12] **sancio 4**: vereinbaren
[13] **epistula**, -ae *f.*: Brief
[14] **adamas**, adamantis *m.*: Diamant
[15] **regula**, -ae *f.*: Regel
[16] **de** + *Abl.*: in Hinblick auf; **eius = patris**
[17] **submitto 3**, submisi, -missum: heimlich schicken
[18] **ocius** (*Adv.*): recht schnell
[19] **assensus**, assensus *m.*: Zustimmung
[20] **edoceo 2**, edocui, edoctum: in Kenntnis setzen
[21] **laetus**, -a, -um: froh
[22] **Lovanium**, -i *n.*: Löwen (*Stadt in Belgien*)
[23] **Brabantia**, -ae *f.*: Brabant (*Herzogtum im heutigen Belgien*)
[24] **comitia**, -orum *n. Pl.*: Versammlung
[25] **consensio**, consensionis *f.*: Zustimmung
[26] **firmo 1**: bestätigen; Maximiliani: *Gen. abhängig von*: **nuptiae**; **fuēre = fuerunt**
[27] *zu* **sextā vicesimā** *ergänze*: **die** (*hier*: ***f.***)
[28] **Aprilis** <mensis>: April
[29] **despondeo 2**, despondi, desponsum + *Dat.*: verloben mit
[30] **persona**, ae *f.*: Rolle; **eiusdem = Maximiliani**
[31] **sustineo 2** *hier*: übernehmen. *Für den noch abwesenden Maximilian bestieg stellvertretend der Herzog von Bayern mit Maria das bereitstehende Paradebett, um symbolisch die Ehe zu vollziehen. Zwischen beiden lag ein Schwert.*

VOCABULARIUM

habeo 2	*auch*: halten (*z. B.*: Rede *oder* Rat)
eligo 3, elegi, electum	aus(er)wählen
sponsus, -i *m.* / **sponsa**, -ae *f.*	Bräutigam / Braut
Cărolus, -i *m.*	Karl
parens, parentis *m.* / *f.*	Vater / Mutter
adsum, -esse, adfui, –	da sein
opportunus, -a, -um	günstig
episcopus, -i *m.*	Bischof
nuptiae, -arum *f. Pl.*	Hochzeit
ratus, -a, -um	gültig
postulatum, -i *n.*	Forderung
expono 3, exposui, -positum	erklären
expleo 2, explevi, -pletum	erfüllen
conventus, conventus *m.*	Zusammenkunft
plenus, -a, -um	voll
vicesimus, -a, -um	zwanzigster

Bernhard Strigel, Die Familie Kaiser Maximilians I. (Ölgemälde, nach 1515). Links der Kaiser, rechts seine Gemahlin Maria von Burgund und sein Sohn Philipp der Schöne. Vorne die Enkel Ferdinand (I.) und Karl (V.) und sein Adoptivsohn Ludwig von Ungarn.

Maximilian I.

*Der Habsburger **Maximilian I.** (1459-1519) wurde 1486 zum römischen König gewählt, erwarb 1490 von Erzherzog **Sigmund** Tirol und die Vorlande (durch Adoption und Verzicht), eroberte nach dem Tod von **Matthias Corvinus** Niederösterreich zurück, beerbte 1493 seinen Vater und vereinigte damit alle habsburgischen Länder. In Trient ließ er sich 1508 zum „Erwählten Römischen Kaiser" ausrufen. Durch dynastische Heiraten erweiterte er Habsburgs Einfluss in Europa; so heiratete sein Sohn **Philipp der Schöne** die spanische Thronerbin Johanna.*

*Maximilian selbst residierte in Augsburg und vor allem in Innsbruck, das er ausbaute (**Goldenes Dachl**, **Hofburg**, **Zeughaus**) und das eine wichtige Stellung in der Rüstungs- und Geschützerzeugung errang. Er organisierte die landesfürstliche Verwaltung neu. Es enstanden Behörden für das Finanzwesen und die Justiz. Seine Versuche einer Reichsreform scheiterten allerdings.*

*Maximilian war sehr fromm, beherrschte sieben Sprachen, liebte Turniere und besonders die Jagd. Er gilt als der **„letzte Ritter"**. Er förderte Wissenschaften und Künste, war aber auch auf den Ruhm seiner Person und seines Hauses bedacht. Schon zu Lebzeiten ließ er sein Grabmal (**Maximiliansgrab**) herstellen, das später nicht in Wiener Neustadt, sondern in der Innsbrucker **Hofkirche** aufgestellt wurde. Seinem Wunsch entsprechend wurde er in Wiener Neustadt bestattet.*

Maximilianus intellecto felici legationis exitu, iter in Belgium[1] maturavit[2]. Viennā itaque Coloniam[3], inde Gandavum[4] cum ingenti comitatu, in quo Moguntinus[5], Trevirensis atque Brandeburgicus electores[6] (...) numerabantur[7], subingressus[8], altā iam nocte sponsam salutat[9]: Tertiā mox die (ea fuit vicesima Augusti[10]), procurante[11] sacra episcopo Tornacensi[12], a Iuliano[13] pontificis legato principes[14] sponsi matrimonio[15] iuncti sunt.

Maximilian geht daran, die burgundische Mitgift für Habsburg zu sichern. Zu militärischen Erfolgen gegen Frankreich gesellt sich auch privates Glück:

His faustis[16] belli initiis aliud insigne felicitatis Austriacae incrementum[17] accessit, dum[18] Maria Maximiliani coniunx Brugis[19] IX.[20] Kalendas Iulii filium in lucem edidit. Sexto abhinc[21] die maximā solemnitate[22] sacro fonte lustratus[23] Philippi nomen obtinuit.

Im Jahr 1482 trifft Maximilian ein schwerer persönlicher Schicksalschlag:

Mors Mariae Maximiliani coniugis Austriacam domum ingenti maerore[24], Belgium[1] vero perniciosis[25] tumultibus replevit[26]. Obiit ea Kalendis Aprilis[27] ex vulnere inter venandum[28] ex equi lapsu[29] accepto. Ad quod curandum verecundiā[30] ducta[31] medicorum[32] opem admittere[33] renuit[34].

[1] **Belgium**, -i *n.*: Belgien
[2] **maturo 1**: rasch hinter sich bringen
[3] **Colonia**, -ae *f.*: Köln
[4] **Gandavum**, -i *n.*: Gent (*Stadt in Belgien*)
[5] **Moguntinus, Trevirensis atque Brandeburgicus:** von Mainz, Trier und Brandenburg
[6] **elector**, electoris *m.*: Kurfürst
[7] **numero 1 in** + *Abl.*: dazu rechnen
[8] **subingredior 3**, subingressus sum: sogleich nachreisen
[9] **saluto 1**: begrüßen
[10] **Augustus** <mensis>: der Monat August; **dies** *ist hier wieder* ***f.***
[11] **procuro 1**: leiten
[12] **Tornacensis**, Tornacensis *m.*: von Doornik (*Stadt in Belgien*)
[13] **Iulianus**, -i *m.*: Julian
[14] **princeps** (*Gen.*: principis) *hier*: fürstlich
[15] **matrimonium**, -i *n.*: Ehe
[16] **faustus**, -a, -um: erfolgreich
[17] **incrementum**, -i *n.*: Ergänzung
[18] **dum** *hier kausal*: weil
[19] **Brugae**, -arum *f.*: Brügge (*Stadt in Flandern*)
[20] **IX. Kalendas Iulii = ante diem nonum Kalendas Iulii** <mensis>: der 23. Juni (*des Jahres 1478*)
[21] **abhinc** (*Adv.*): von da an
[22] **solemnitas**, solemnitatis *f.*: Feierlichkeit
[23] **lustro 1**: reinigen; **fonte sacro lustrare**: taufen
[24] **maeror**, maeroris *m.*: Trauer
[25] **perniciosus**, -a, -um: verderblich
[26] **repleo 2**, replevi, -pletum: erfüllen
[27] **Aprilis** (mensis): April
[28] **venor 1**: jagen
[29] **lapsus**, lapsus *m.*: Sturz
[30] **verecundia**, -ae *f.*: Scheu
[31] **ducta = adducta**
[32] **medicus**, -i *m.*: Arzt
[33] **admitto 3**: zulassen
[34] **renuo 3**, renui, –: ablehnen

VOCABULARIUM

felix (*Gen.*: felicis)	glücklich
sponsa, -ae *f.* / **sponsus**, -i *m.*	Braut / Bräutigam (*hier Pl.*: Brautleute)
mox (*Adv.*)	bald
vicesimus, -a, -um	zwanzigster
sacra, -orum *n. Pl.*	*auch*: Gottesdienst
episcopus, -i *m.*	Bischof
pontifex, pontificis *m.*	Papst
iungo 3, iunxi, iunctum	verbinden
insignis, insigne	ausgezeichnet
felicitas, felicitatis *f.*	Glück
edo 3, edidi, editum	herausgeben
in lucem edere	zur Welt bringen
fons, fontis *m.*	Quelle
sacer, sacra, sacrum	heilig
Philippus, -i *m.*	Philipp
tumultus, tumultus *m.*	Tumult
vulnus, vulneris *n.*	Wunde
curo 1	*hier*: versorgen
(ops), **opis** *f.*	Hilfe

Der ***Orden vom Goldenen Vlies****, den Philipp der Gute anlässlich seiner Eheschließung mit Isabella von Portugal stiftete, war ein Ritterorden, der dem höchsten Adel Burgunds und verbündeten Fürstlichkeiten vorbehalten blieb. Mit dem Tod Karl des Kühnen ging dieses Privileg an die Habsburger über. Bis zum heutigen Tage ist das Oberhaupt der Familie Habsburg auch Souverän des Ordens vom Goldenen Vlies.*

ACTIVA ET CONTEMPLATIVA

- Informiere dich über die antike Sage vom Goldenen Vlies. Was hat es damit für eine Bewandtnis? Wer zog aus, um das Goldene Vlies zu bekommen? Welche Frau spielt in dieser Sage eine entscheidende Rolle? In welcher literarischen Form wurde dieser Mythos besonders gerne bearbeitet? Nenne Beispiele.
- Der folgende Text (*Andrian, Epochae S. 98*) schildert, wie Maximilian Aufnahme in den Orden findet. Übersetze unter Zuhilfenahme des Wörterbuchs:

(Maximilianus) Brugas[1] rediit, ubi indicto[2] aurei velleris equitum (quos Philippus Bonus anno milesimo quadringentesimo vicesimo nono instituerat) conventu, accepto a Ravensteinio[3] gladio, a Lanoio vero aureo vellere collum circumdatus, maximā pompā in equitem ac ordinis huius supremum magistrum promotus[4] est.

[1] **Brugae**, -arum *f.*: Brügge (*Stadt in Flandern*)
[2] **indico 3**, indixi, -dictum: einberufen
[3] *Die Herren Ravensteinius und Lanoius fungierten offensichtlich als Zeremonienmeister.*
[4] **promoveo 2**, promovi, -motum: befördern

Karl V. besteigt den Thron

Nach dem Tod Kaiser Maximilians im Jahre 1519 strebt sein junger Enkel Karl, der seit dem Tod seines anderen Großvaters schon König Spaniens ist, auch nach der Krone des Heiligen Römischen Reiches[1]*:*

Carolus a[2] Ferdinandi Catholici[3] **obitu** Hispaniarum rex, missis ad Francofurtensia[4] comitia legatis, imperii coronam cum Francisco I. Galliarum[5] rege candidatus[6] petiit. Post longas inter electores[7] concertationes[8], Moguntino[9] electore[7] pro Carolo, Trevirensi[10] pro Francisco adlaborantibus[11], ita **demum** inter eos conventum[12] est, ut, **neutro** ex **aemulis** offenso[13], suo ex gremio[14] Germanum[15] principem **eligerent**. Nec alium quam Fridericum Saxoniae[16] ducem electorum[7] vota[17] spectabant. Sed is summae vir modestiae[18], declinato[19] imperio, gravissimā oratione eo principes permovit, ut Carolum ingentis spiritūs iuvenem et unicum[20] sustinendae imperii **maiestatis** parem postero die eligerent. (...)

[1] *Schlage die* **fett gedruckten** *Wörter im Wörterbuch nach. Der Text stammt aus: Carolus Andrian, Epochae Habspurgo-Austriacae (Wien, 1762), 125f*
[2] **a** + *Abl. hier*: seit
[3] **Catholicus**, -i *m.*: der 'Katholische'
[4] **Francofurtensia comitia** (-orum *n. Pl.*): Wahlversammlung in Frankfurt
[5] **Galliae**, -arum *f. Pl. hier*: Frankreich
[6] **candidatus**, -i *m.*: Kandidat; **Carolus ... imperii coronam ... candidatus** (*Apposition*) **peti**(v)**it**
[7] **elector**, electoris *m.*: Kurfürst (*die 7 Kürfürsten waren die Erzbischöfe von Köln, Mainz, Trier, der Pfalzgraf vom Rhein, der Herzog von Sachsen, der Markgraf von Brandenburg und der König von Böhmen*)
[8] **concertatio**, concertationis *f.*: Streitigkeit
[9] **Moguntinus**, -a, -um: von Mainz
[10] **Trevirensis**, Trevirense: von Trier
[11] **adlaboro 1**: sich ins Zeug legen
[12] **conventum est**: man kam überein
[13] **offendo**, offendi, -fensum: beleidigen
[14] **gremium**, -i *n.*: Gremium
[15] **Germanus**, -a, -um *hier*: deutsch
[16] **Saxonia**, -ae *f.*: Sachsen
[17] **votum**, -i *n.*: Wahlwunsch
[18] **modestia**, -ae *f.*: Bescheidenheit; **is summae vir mostestiae = is vir summae modestiae**
[19] **declino 1**: ablehnen
[20] **unicus**, -a, -um: einzig; **unicum ... parem**: „der es als einziger vermochte ..."

Karl V. (1500-1558) war Sohn des Habsburgers Philipp „des Schönen" und der Spanierin Johanna „der Wahnsinnigen". Er ging in die Geschichte als der Kaiser ein, in dessen Reich die Sonne nicht unterging. Denn er beherrschte nicht nur weite Teile Europas, sondern auch die spanischen Kolonien in Übersee. 1521 überließ er seinem Bruder Ferdinand die Herrschaft in Österreich. Zwei Konflikte prägten seine Regentschaft: Im Kampf gegen Frankreich um die Vorherrschaft in Italien blieb er siegreich. Gegenüber den Anhängern Luthers setzte er sich hingegen nicht durch. Die Protestantenfrage blieb ungelöst. 1555 dankte Karl zugunsten seines Bruders Ferdinand ab.

Nach seiner Wahl verlässt Karl Spanien ...

Carolus Hadrianum[1] olim institutorem[2] suum iam cardinalem Hispaniarum proregem[3] constituit et conscensā classe, invitis Hispanis, Angliam[4] petit. Renovatis cum Henrico[5] rege pristinis foederibus in Belgium[6] iter instaurat[7]. Brugis[8] summā **pompā** a Ferdinando fratre, cui **dein** Maximiliani avi ditiones[9] concesserat, ac Margaritā[10] **amitā** Belgii[6] gubernatrice[11], Venetorum[12] Germaniaeque[13] legatis excipitur. Rebus **ibidem** compositis, Aquisgranum[14] iter promovet, ubi ab obviis[15] sibi electoribus[16] ingenti gaudio acceptus die XXIII. Octobris imperii coronam a Coloniensi[17] electore[16] summā omnium **gratulatione** accipit (...).

Ferdinandus Cortesius[18] nobilis Hispanus Caroli V. auspiciis[19] Mexicum[20] opulentissimam Americae septemtrionalis urbem exiguā suorum manu incredibili felicitate occupat, maximā incolarum **strage** editā. Caeso dein a suis Montezumā[21] rege, amplissimum imperium Caroli potestati subiecit. Hispani regionis opulentiā allecti[22], multas eo deduxerunt **colonias**, quas dein in alias quoque Americae tum septemtrionalis tum meridionalis[23] vastissimas plagas[24] propagarunt[25].

ACTIVA ET CONTEMPLATIVA

- Versuche etwas mehr über die Zeit Karls V. herauszufinden.
- Informiere dich über die deutsche Königswahl.
- Was weißt du über die spanischen Eroberungen in Amerika?

[1] **Hadrianus**, -i *m.*: Adrian von Utrecht (*Kardinal und späterer Papst Hadrian VI.*)
[2] **institutor**, institutoris *m.*: Lehrer
[3] **prorex**, proregis *m.*: Statthalter
[4] **Anglia**, -ae *f.*: England
[5] **Henricus**, -i *m.*: Heinrich VIII. (*von England*)
[6] **Belgium**, -i *n.*: Belgien
[7] **instauro** 1: fortsetzen
[8] **Brugae**, -arum *f. Pl.*: Brügge (*Stadt in Flandern*)
[9] **ditio**, ditionis *f.*: Befehlsgewalt (*Pl. = Sg.*)
[10] **Margarita**, -ae *f.*: Margarethe (*von Österreich*)
[11] **gubernatrix**, gubernatricis *f.*: Regentin
[12] **Veneti**, -orum *m. Pl.*: die Venezianer
[13] **Germania**, -ae *f. hier*: Deutschland
[14] **Aquisgranum**, -i *n.*: Aachen (*Stadt am Rhein*)
[15] **obvius**, -a, -um: entgegenkommend; **sibi** (= Carolo)
[16] **elector**, electoris m: Kurfürst
[17] **Coloniensis**, Coloniense: von Köln
[18] **Cortesius**, -i *m.*: Hernán Cortés (*1485-1547*; *Konquistador im Auftrag der spanischen Krone*)
[19] **auspiciis** (*abhängig von* **nobilis**): nach dem Willen (*Karl V. erhob Cortés in den Adelsstand*)
[20] **Mexicum**, -i *n.*: Mexiko (*gemeint ist die Aztekenstadt Tenochtitlan*)
[21] **Montezuma**, -ae *m.*: Montezuma
[22] **allicio 3**, allexi, -lectum: anlocken
[23] **meridionalis**, meridionale: Süd-...
[24] **plaga**, -ae *f.*: Gegend
[25] **propago 1**: ausdehnen; **propagarunt = propagaverunt**

1529: Die Türken vor Wien

Anfang September 1529 wurde Wien von 17 000 Mann und 100 Geschützen verteidigt, der Bau der 1527 begonnenen Befestigungsanlagen war noch nicht abgeschlossen. Der ungarische Humanist Nicolaus Istvanffy beschrieb die Ausdehnung des türkischen Heerlagers vor der Stadt:

Ibraimus[1] loca castrorum eminus[2] speculatus[3] ea quadripartito[4] in locis suburbanis metanda[5] censuit[6], sic distributis[7] contuberniorum[8] et tabernaculorum spatiis, ut ad commodiorem aquationem[9] sibi a Danubio ad[10] montana usque Calenbergae[11] arcis iam dudum[12] desertae idoneum locum in longum extensum[13] caperet, Sulimano[14] vero et aulico[15] eius comitatui cum praetorianis[16] pone[17] divi Marci[18] templum[19] ac publicam hospitalem[20] domum ad Danubium deligeret[21]. Sed Beglerbegi[22], qui Asiae et Europae equitibus praesunt, ad citeriorem[23] partem rivi eius, qui Viennam praeterfluit[24] ac unum cum urbe nomen obtinet, considere et castra metari[5] iussi sunt usque ad sancti Ulrici[25] templum suburbanum, contra turrim portamque, quam Carinthiacam[26] vocant.

1 **Ibraimus**, -i *m.*: Ibrahim (*der Großwesir*)
2 **eminus** (*Adv.*): von fern
3 **speculor 1**: betrachten
4 **quadripartito** (*Adv.*): viergeteilt
5 **metor 1**: abmessen, abstecken
6 **censeo 2**: meinen
7 **distribuo 3**, -ui, -utum: verteilen
8 **contubernium**, -i *n.*: Mannschaftszelt
9 **aquatio**, aquationis *f.*: das Wasserholen
10 *Ordne*: **usque ad montana Calenbergae arcis**
11 **Calenberga arx**: die Burg auf dem Kahlenberg (*heute*: Leopoldsberg)
12 **dudum** (*Adv.*): lange
13 **extensus**, -a, -um: ausgedehnt
14 **Sulimanus**, -i *m.*: Suleiman II.
15 **aulicus**, -a, -um: höfisch
16 **praetoriani**, -orum *m. Pl.*: Leibgarde
17 **pone** (+ *Akk.*): hinter
18 **Marcus**, -i *m.*: Markus (*der Evangelist*)
19 **templum**, -i *n. hier*: Kapelle (*im 3. Wiener Bezirk*; *„St. Marx"*)
20 **domus hospitalis** *f.*: Herberge
21 *Ergänze*: **idoneum locum**
22 **Beglerbegi** *m. Pl.*: Adelige (*türk.*)
23 **citerior** (*Gen.*: citerioris): diesseitig
24 **praeterfluo 3**: vorbeifließen an
25 **sancti Ulrici templum**: St. Ulrichskirche im 7. Wiener Bezirk
26 **Carinthiaca porta**: Kärntnertor

VOCABULARIUM

suburbanus, -a, -um	vor der Stadt gelegen	**desero 3**, deserui, -sertum	verlassen
tabernaculum, -i *n.*	Zelt	**divus**, -a, -um	göttlich, heilig
commodus, -a, -um	günstig	**praesum**, -es, -esse, praefui, – + *Dat.*	leiten
montanus, -a, -um	auf dem Berg befindlich; *n. Pl.*: Berg	**rivus**, -i *m.*	Fluss
usque ad (+ *Akk.*)	bis zu	**contra** + *Akk.*	gegenüber; gegen
arx, arcis *f.*	Burg	**turris**, turris *f.*	Turm

ACTIVA ET CONTEMPLATIVA

- Informiere dich über Sultan Suleiman II. und seine Hofhaltung.

Die Belagerung Wiens durch die Türken 1529 (Holzschnitt). Neben dem Stephansdom ist links die Hofburg, rechts der schmale Turm der Augustinerkirche zu erkennen.

Bedingt durch große Verluste, Krankheiten und vielleicht auch den nahen Winter, zogen die Osmanen am 14. Oktober 1529 wieder von Wien ab. Der Krieg war damit aber noch nicht beendet, die Türkengefahr bestand weiter: 150 Jahre später kam es zu einem neuerlichen Angriff auf Wien (siehe S. 130).

Links: Türkische Krieger (Gouache, Ende des 16. Jhdts.)

Die 2. Wiener Türkenbelagerung 1683

Kaiser Leopold I. und der Polenkönig Johann Sobieski trafen 1683 nach dem Sieg über die Türken in Schwechat[1] *zusammen (vgl. die zeitgenössische Darstellung auf S. 131):*

Anno g**L**or**I**os**I**[2] **IM**per**II**
Leopo**LDI I. XXVI.**
die XV. Septembris
duo longe[3] maximi Europae
monarchae[4], idem Leopoldus
Caesar Augustus et
Ioannes III. Poloniae[5] rex,
liberatā prosperē obsidione
Vennā[6], acto in fugam ingenti barbaro-
rum exercitu, occupatis eorundem
aeneis tormentis commeatuque,
reportatis[7] praeterea optimis
spolys[8], hōc loco inter suorum victri-
cia[9] arma invicem gratulabundi[10]
convenēre[11]
magnā utrimque electoris[12],
ducum, principum ac magnatum[13]
comitivā[14].

[1] *Inschrift auf dem Kugelkreuz bei Schwechat*
[2] **gloriosus**, -a, -um: ruhmreich
[3] **longe** (*Adv.*): weitaus
[4] **monarcha**, -ae *m.*: Monarch
[5] **Polonia**, -ae *f.*: Polen
[6] **Vennā = Viennā**
[7] **reporto 1**: heimtragen, davontragen
[8] **spolys = spoliis**
[9] **victrix** (*Gen.*: victricis): siegreich
[10] **gratulabundus**, -a, -um: glückwünschend
[11] **convenēre = convenerunt**
[12] **elector**, electoris *m.*: Kurfürst (*Maximilian II., Kurfürst von Bayern*)
[13] **magnas**, magnatis *m.*: Angehöriger des Hochadels, Magnat
[14] **comitiva**, -ae *f.*: Gefolgschaft

VOCABULARIUM

prosperus, -a, -um	günstig	**spolium**, -i *n.*	Beutestück (*eigtl.*: Rüstung)
obsidio, obsidionis *f.*	Belagerung	**in vicem (invicem)**	gegenseitig
barbari, -orum *m. Pl.*	die Barbaren	**utrimque** (*Adv.*)	auf beiden Seiten
aeneus, -a, -um	aus Bronze		
tormentum, -i *n.*	Geschütz		
commeatus, commeatus *m.*	Proviant		

Das Chronogramm

Ein Chronogramm (griech. ***chronos*** *= Zeit,* ***gramma*** *= Buchstabe, Schrift) ist ein zumeist lateinischer Satz, in dem alle vorkommenden, auch als Zahlwert gebrauchten Buchstaben zusammengezählt eine Jahreszahl ergeben. Ab der Neuzeit wurden öfter die benötigten Buchstaben besonders markiert (Farbe, Größe), alle anderen blieben dann für die Zählung unberücksichtigt.*

Bereits im 8. Jahrhundert v. Chr. verwendeten die Griechen Buchstaben zugleich als Zahlzeichen. Man konnte dann aus den Buchstaben eines Wortes eine Summe bilden, das Wort durch die Zahl ersetzen und damit den Leser zum Nachdenken anregen.

Im Hebräischen ging man ähnlich vor: Der Name **David** *etwa, hebräisch* **dvd**, *ergibt 4+6+4 = 14. Daher stehen im Stammbaum Jesu im Matthäus-Evangelium dreimal 14 Generationen für Jesus, den Nachkommen Davids. Die Bibel ist voll von solcher Zahlensymbolik.*

Die Römer gestalteten später (neben **I**, **X** *und* **V**) *die für sie „überflüssigen" Buchstaben des griechischen Alphabets –* ***ch***, ***th***, ***ph*** *– zu ihren Zahlzeichen um: Aus* X *(Chi) wurde zuerst* ↓, *dann* ⊥ *und später* **L**; *aus* Φ *(Phi), das später* ∞ *geschrieben wurde, entstand* **M** *= 1000 und* **D** *= 500 (*Φ *halbiert!).* **C** *= 100 ist möglicherweise aus* Θ *(Theta) entstanden.*

ACTIVA ET CONTEMPLATIVA

- Zählt die in der Inschrift markierten Buchstaben als Zahlzeichen einzeln zusammen, also **L + I + I + I + M + I + I** usw.
- Versucht selbst ein Chronogramm zu verfassen (zum Geburtstag, für ein Gebäude, …). Es gelingt, wenn man sparsam mit den „hochwertigen" Buchstaben (M, D) um-geht. Beispiele: **CVM** = 1105, **IMPERIVM** = **2007** …

„Prinz Eugen, der edle Ritter“

Im Sommer des Jahres 1717 holt Prinz Eugen zum enscheidenden Schlag gegen das osmanische Reich aus. Eine große Streitmacht wird versammelt:

Lustrato[1] centum quadraginta milium exercitu, in quo nobilissima volonum[2] manus, Carolus et Ferdinandus Bavariae, duo regii Gallici[3] sanguinis, et XXX alii principes numerabantur, expeditio inchoata[4] est. Belgradum[5] ad ictum[6] destinabatur. Traiecto XV. Iunii[7] Danuvio, exercitūs parte classe, quam Caesar ad hoc bellum instruxerat, transportatā, Eugenius obsidionem admovit. Ne[8] urbem dirutis[9] prope moenibus extraderent[10] barbari, auxiliarium copiarum spes effecit. Nec ea barbaros fefellit: Adfuēre[11] enim maximo numero aut vincere aut mori certi[12]. Ubi a V. ad XV. Augusti[13] machinis[14] gravioribus bellicis eminus[15] exercitūs se impetiissent[16], Eugenius dux, cum nequiquam hostem e munitissimis castris elicere[17] tentasset[18], XVI. Augusti[13] nebulae[19] beneficio triginta quinque milia in hostium castra ducit. (...)

Prinz Eugen von Savoyen

Prinz Eugen (1663-1736) trat als Soldat in den Dienst Kaiser Leopolds I. ein, nachdem er wegen seines kleinen Wuchses in Frankreich abgewiesen worden war. 1683 wirkte er an der Befreiung Wiens von den Türken mit. Gegen diese kämpfte er auch in den folgenden Jahren. 1686 befreite er Budapest, 1697 gelang ihm der Sieg bei Zenta.
Auch im Spanischen Erbfolgekrieg errang er Erfolge. Legendär wurde seine Eroberung Belgrads 1717 während eines neuerlichen Türkenkriegs. Das Lied „Prinz Eugen, der edle Ritter“ erinnert noch heute daran. Unter Karl VI. war er schließlich eine Zeit lang Gouverneur der Niederlande und auch sonst wichtiger Ratgeber des Kaisers.
Prinz Eugen gilt aber nicht nur als einer der größten Feldherrn Österreichs, er war auch ein Freund der Künste und Wissenschaften. Sein Winterpalais in der Wiener Innenstadt und das Belvedere prägen das Aussehen des barocken Wien. Seine Kunstsammlung und reiche Bibliothek bilden heute die Basis für großartige Sammlungen.

[1] **lustro 1**: mustern
[2] **volo**, volonis *m.*: Freiwilliger
[3] **Gallicus**, -a, -um: französisch
[4] **inchoo 1**: beginnen
[5] **Belgradum**, -i *n.*: Belgrad
[6] **ictus**, ictus *m.*: (militärischer) Schlag
[7] **XV. <die> Iunii <mensis>**
[8] **ne = ut non** (*abhängig von*: **spes effecit**)
[9] **diruo 3**, dirui, -rutum: zerstören
[10] **extrado 3 = trado 3**
[11] **adfuēre = adfuerunt**
[12] **certus**, -a, -um *hier*: entschlossen
[13] **a V. <die> ad XV. <diem>; XVI. <die> Augusti <mensis>**
[14] **machina**, -ae *f.*: Gerät
[15] **eminus** (*Adv.*): aus der Ferne
[16] **impeto 3**, impetivi, -petitum: angreifen; **impeti(v)issent = impetiverunt** (*Konj. statt Ind. bei* **ubi**)
[17] **elicio 3**, elexi, electum: herauslocken
[18] **tenta(vi)sset = temptavisset**
[19] **nebulae beneficio**: dank des Nebels

Dein occupato post quinque horarum certamen munitissimo aggere, unde in Caesareos[1] tormentis bellicis barbari saeviebant[2], totus hostilis exercitus in fugam actus atque impedimentis et castris exutus[3] est. Tormenta CXXXI, mortaria[4] XXXVII, signa LIV victoribus cessēre[5]. Viginti eorum milia caesa feruntur[6]. Confectā hāc pugnā, Belgradenses[7] subsidiis destituti[8], cum insuper[9] pulveraria[10] turris in auras eiecta fuisset, XVII. Augusti[11] deditionem fecēre[12]. Apparatus[13] navalis bellicus omnis, CXLI tormenta bellica aliaque locuples sane[14] praeda erepta est. Fructus victoriae fuit Semendria[15] cum totā Serviā[16] occupata.

ACTIVA ET CONTEMPLATIVA

- Welche Schwierigkeit ergab sich für Prinz Eugen bei der Belagerung Belgrads und wie gelang die Eroberung schließlich doch?
- Was erinnert in Wien heute noch an Prinz Eugen?
- Kennt ihr das Lied von Prinz Eugen, dem edlen Ritter? Findet es und stellt eure Sangesfreudigkeit unter Beweis.

Prinz Eugen von Savoyen (Kupferstich, um 1715)

[1] **Caesarei**, -orum *m. Pl.*: die „Kaiserlichen" (*Truppen des Kaisers*)
[2] **saevio 4**: wüten
[3] **exuo 3**, exui, exutum + *Abl.*: berauben
[4] **mortarium**, -i *n.*: Mörser
[5] **cedo 3**, cessi, cessum + *Dat.*: gehen an; **cessēre = cesserunt**
[6] **feruntur** + *NcI* = **dicuntur** + *NcI*
[7] **Belgradenses**, Belgradensium *m. Pl.*: Bewohner von Belgrad
[8] **destituo 3**, destitui, -stitutum: im Stich lassen
[9] **insuper** (*Adv.*): überdies
[10] **pulverarius**, -a, -um: Pulver-…
[11] **XVII. <die> Augusti <mensis>**
[12] **fecēre = fecerunt**
[13] **apparatus** (-us *m.*) navalis: Schiffsgerät
[14] **sane** (*Adv.*): durchaus (*gehört zu* **locuples**)
[15] **Semendria**, -ae *f. heute* Smederevo (*Ort östl. von Belgrad*)
[16] **Servia**, -ae *f.*: Serbien; *ein Jahr später kommt es zum Frieden von Passarowitz, in dem der Sultan das Banat und Teile der Walachei an Österreich abtritt.*

Steirisches Rätsel[1]

AN IN SANO[2] CORPORE, QUAERIS, SIT MENS SANA[2]:
RÈFERT[3], QVALI[4] ROBORE[5] SIS. NON RES EST VANA[6].
NEC PERFECIT HERCVLES INFIRMÀ[7] STATVRÀ
OPERAS NOTABILES[8]. SIMILI FIGVRÀ[9]
LAVDES TRANS ATLANTICVM[10] QVAERIT TERMINATOR[11]
DICTVS „ROBVR[5] STYRICVM[12]“ IAMQVE GVBERNATOR[13].
VIRI NOMEN NOBILE EST PER TERRAS TOTAS.
SI TI[14] DVBITABILE[15], LEGE PRIMAS NOTAS[16]!

Lösung

[1] *aus*: *Rustici Magni opera omnia merito non publicata* (*Vindobonae MMIII*)
[2] **sanus**, -a, -um: gesund
[3] **rēfert**: es kommt darauf an
[4] **qualis**, quale: welcher
[5] **robur**, roboris *n.*: (Eichen)holz
[6] **vanus**, -a, -um: nichtig
[7] **infirmus**, -a, -um: schwach
[8] **notabilis**, notabile: bemerkenswert
[9] **figura**, -ae *f.*: Gestalt
[10] **Antlanticum** (mare): Antlantik
[11] **terminator**, terminatoris *m.*: Vollstrecker
[12] **Styricus**, -a, -um: steirisch
[13] **gubernator**, gubernatoris *m.*: Gouverneur („Lenker“)
[14] **ti** = tibi
[15] **dubitabilis**, dubitabile: zweifelhaft; **si ti**<bi nomen est> **dubitabile**
[16] **nota**, -ae *f.*: Buchstabe

Tipps zum Hören, Lesen und Surfen

Encyclopedia Mythica: http://www.pantheon.org/

G. **Dommermuth-Gudrich**, 50 Klassiker Mythen. Hildesheim 2000.

M. **Köhlmeier**, Sagen des klassischen Altertums, 3 Bände München 1996-98 (Serie Piper 2371, 2372, 2609) und 3 CD-Editionen mit je 5 CDs (ORF-CD 507, 508, 509).

Eric M. **Moormann / Wilfried Uitterhoeve,** Lexikon der antiken Gestalten. Mit ihrem Fortleben in Kunst, Dichtung und Musik. Stuttgart 1995 (Serie Kröner 468).

Zu den **historischen Gestalten** wie *Alexander*, *Hannibal*, *Cäsar*, *Kleopatra* oder *Karl den Großen* sind die entsprechenden Biografien aus den Reihen **Beck Wissen** (München) bzw. **rororo** (Hamburg) sehr zu empfehlen.

http://www.aeiou.at – die umfassende multimediale **Darstellung Österreichs** in Text, Ton und Bild.

R. **Sandgruber**, Illustrierte Geschichte Österreichs – Epochen, Menschen, Leistungen. Wien 2000.

E. **Scheithauser**, H. **Schmeiszer**, G. **Woratschek**, Geschichte Österreichs in Stichworten, Teil I-III. Wien 1971.

Alphabetisches Verzeichnis der Lernvokabel

A	
abeo, -ire, abii, -itum	weggehen 27, 45
abicio 3, abieci, -iectum	hinwerfen 51
abluo 3, ablui, -lutum	wegspülen 13
absque (+ *Abl.*)	ohne 31, 70
absum, abes, -esse, afui, –	entfernt sein 43
accendo 3, accendi, -censum	entflammen 43
Achillas, -ae *m.*	Achillas (*General des Ptolemäus*) 55
addo 3, addidi, -ditum	hinzufügen 37, 111
adeo (*Adv.*)	so sehr 11, 65, 67, 107
adficio 3, adfeci, -fectum	behandeln 67
adgredior 3, adgressus sum	angreifen 53, 73
adhibeo 2	hinzuziehen 9, 119
adhuc (*Adv.*)	noch; bis jetzt 6
adiaceo 2, -ui, –	angrenzen 107
adicio 3, adieci, iectum	hinzufügen 70
adloquor 3, adlocutus sum	anreden 87
administro 1	(ver)walten 77
adorior 4, adortus sum	angreifen (*hier*: an etwas rühren) 113
adsum, -esse, adfui, –	da sein 21, 123
advenio 4	ankommen 70
adversarius, -i *m.*	Gegner 25
adversum / adversus (+ *Akk.*)	gegen 6, 119
aedes, aedis *f.*	Haus, Kirche (*auch*: Tempel) 57, 111
aegre (*Adv.*)	mit Mühe 19
aeneus, -a, -um	aus Bronze 23, 33, 51 131
aequus, -a, -um **ac / atque**	gleich wie 67
aetas, aetatis *f.*	Alter, Zeit(alter) 37, 39, 55, 93
aeternus, -a, -um	ewig 79, 81
agger, aggeris *m.*	Wall 89
ait / aiunt	er, sie sagt / sie sagen 11, 25, 31,
Alcmena, -ae *f.*	Alkmene (*Mutter des Herkules*) 11
Alexander, -ri *m.*	Alexander (*König von Makedonien*) 6
Alexandria, -ae *f.*	Alexandria (*Stadt in Ägypten*) 55, 59
Alexandrinus, -i *m.*	ein Alexandriner (*Bewohner Alexandrias*) 59
aliquando (*Adv.*)	einmal; manchmal 65, 103
Alpes, Alpium *f. Pl.*	die Alpen 49, 53
altitudo, altitudinis *f.*	Höhe, Größe 11
Amázon, Amázonis *f.*	Amazone 6
ambo, ambae, ambo	beide 25, 29
amictus, amictus *m.*	Mantel 103
amnis, amnis *m.*	Fluss 43
amo 1	lieben 19, 21
amor, amoris *m.*	Liebe 19, 21
an	oder; ob 37, 45
ancilla, -ae *f.*	Magd 27
anima, -ae *f.*	Seele, Leben 23, 25, 27
Anna, -ae *f.*	Anna (*weibl. Eigenname*) 21
anteeo, -ire, anteii, –	übertreffen 41
antiquus, -a, -um	alt, 9, 89
antrum, -i *n.*	Höhle 13
anulus, -i *m.*	Ring 55
aper, apri *m.*	Eber 13
aperio 4, aperui, apertum	öffnen 23, 29
apertus, -a, -um	offen 67
Apollo, Apollinis *m.*	Apoll (*Gott der Künste und der Weissagung*) 15
apparatus, apparatus *m.*	Aufwand 101
appareo 2, apparui, –	sich zeigen 31, 67, 81
applico 1, -ui, applicitum	heranbringen (*hier*: mit dem Boot anlegen) 57
ara, -ae *f.*	Altar 9
arcus, arcus *m.*	Bogen 43
ardeo 2, arsi, –	brennen, glühen 11, 111
argentum, -i *n.*	Silber 51
artifex, artificis *m.*	Handwerker (*auch*: Künstler) 119
arx, arcis *f.*	Burg 129
ascendo 3, ascendi, ascensum	hinaufsteigen 6
asper, aspera, asperum	rau (*hier*: trotzig) 21
aspicio 3, aspexi, aspectum	erblicken 33
assiduus, -a, -um	ständig 65
Atlas, Atlantis *m.*	Atlas (*Titan, der den Himmel trägt*) 15
aureus, -a, -um	golden 13, 15, 59
aurum, -i *n.*	Gold 51, 87, 117
Austria, -ae *f.*	Österreich 70
Austriacus, -a, -um	österreichisch 70
avis, avis *f.*	Vogel 13

B

balteus, -i *m.*	Gürtel 15
barbari, -orum *m. Pl.*	die Barbaren 45, 87, 131
Bawaria, -ae *f.*	Bayern 70
beatus, -a, -um	selig, heilig 70
beneficium, -i *n.*	*auch*: Lehen 95
bestia, -ae *f.*	(wildes) Tier 33
bibulus, -i *m.*	Zecher 119
bis (*Adv.*)	zweimal 29, 53, 117
Bohemia, -ae *f.*	Böhmen 70

C

cadaver, cadaveris *n.*	Leichnam, Aas 33
cado 3, cécidi, casurus	fallen 6
caedes, caedis *f.*	*auch*: Mord 119
caedo 3, cecīdi, caesum	töten 59, 79, 121
Caesar, Caesaris *m.*	*auch*: Kaiser / König 70
canis, canis *m.*	Hund 15, 33
captivitas, captivitatis *f.*	Verlust 87
carcer, carceris *m.*	Kerker 23, 25, 77
Carinthia, -ae *f.*	Kärnten 70
caro, carnis *f.*	Fleisch 9, 15, 33, 117
Cárolus, -i *m.*	Karl 121, 123
Carthago, Carthaginis *f.*	Karthago (*Stadt in Nordafrika*) 19
casus, casus *m.*	*auch*: Fall 19
cedo 3, cessi, cessum (+ *Dat.*)	gehen an, überlassen 101, 117
centeni, -ae, -a	je hundert 53
Cerberus, -i *m.*	Kerberos (*Höllenhund*) 15
certamen, certaminis *n.*	Kampf, Wettstreit 39, 59
cesso 1	aufhören, nachlassen 87, 107
ceterum (*Adv.*)	übrigens 45, 95, 119
Christianus, -i *m.*	Christ 77, 79
Christus, -i *m.*	Christus 70
cibus, -i *m.*	Speise 65, 119
circa (+ *Akk.*)	um 43
circiter (*Adv.*)	rund 25
classis, classis *f.*	Flotte 57, 59
Cleopatra, -ae *f.*	Kleopatra (*ägyptische Königin*) 6
cogito 1	denken 9
cognomentum, -i *n.*	Beiname 67
colloquium, -i *n.*	Unterredung 49
colo 3, colui, cultum	pflegen 67, 119
columna, -ae *f.*	Säule 25, 29
comitatus, comitatus *m.*	Gefolge, *auch*: Grafschaft 70
commeatus, commeatus *m.*	Proviant 131
commodus, -a, -um	günstig 129
commuto 1	verwandeln 95

comprehendo 3, comprehendi, -prehensum	ergreifen 29, 77
concipio 3, concepi, -ceptum	empfangen 11, 37
concubitus, concubitus *m.*	Beischlaf 11, 41
concumbo 3, concubui, -cubitum **cum** + *Abl.*	schlafen mit 11, 15, 27
condo 3, condidi, -ditum	gründen 39, 41, 53
confero, -ferre, contuli, collatum	zusammentragen (*auch*: vergleichen) 111
confessio, confessionis *f.*	Bekenntnis 83
confirmo 1	*auch*: bestärken 29
confligo 3, conflixi, -flictum	zusammenstoßen 49
congrego 1	versammeln 113
coniunx, coniugis *m./f.*	Gatte, Gattin 70
conscendo 3, conscendi, -scensum	besteigen 57
consensus, consensus *m.*	Zustimmung 95
constat (+ *AcI*)	es steht fest 63, 87
consuetudo, consuetudinis *f.*	Gewohnheit 9, 29, 33
(**con**)**surgo 3**, (con)surrexi, (con)surrectum	sich erheben 6
contendo 3, contendi, -tentum	*auch*: kämpfen 119
contentus, -a, -um	zufrieden 67
contineo 2	zusammen halten 55
contra (+ *Akk.*)	gegen 129
conventus, conventus *m.*	Zusammenkunft, Versammlung 113, 123
coquo 3, coxi, coctum	kochen 9, 119
cor, cordis *n.*	Herz 6
coram (+ *Abl.*)	in Anwesenheit von 27
cornu, cornus *n.*	Horn 13
corono 1	krönen 81
cotidianus, -a, -um	täglich 39
cotidie (*Adv.*)	täglich 27
crebro (*Adv.*)	häufig 65
Creta, -ae *f.*	Kreta 15, 51
crinis, crinis *m.*	Haarlocke 23
cubiculum, -i *n.*	Schlafgemach 27
cuncti, -ae, -a	alle 87
cupido, cupidinis *f.*	Verlangen 43, 45
cupio 3, cupivi, -itum	wünschen, begehren 37, 49, 121
curo 1	sich sorgen um (*hier*: versorgen) 125
curo 1 (+ *Gerund*)	*Inf.* + lassen 55
currus, currus *m.*	Wagen 117
cursus, cursus *m.*	Bahn, Lauf 67, 117
custos, custodis *m.*	Wächter 45, 65, 103

D

Danuvius, -i *m.*	Donau 70
David (*indekl.*)	David (*bibl. König*) 6
debeo 2	*auch*: schulden 95
decerto 1	um die Entscheidung kämpfen 103
deditio, deditionis *f.*	Kapitulation 59
dedo 3, dedidi, -ditum	übergeben, hingeben 51, 59, 119
deficio 3, defeci, -fectum	schwach werden 23
dein(de) (*Adv.*)	hierauf 120
delecto 1	erfreuen 65
denuo (*Adv.*)	nochmals 101
depono 3, deposui, -situm	weglegen 29, 33, 51, 81
derelinquo 3, dereliqui, -relictum	völlig verlassen, zurücklassen 27, 31
descendo 3, descendi, -scensum	herunter steigen 31
desero 3, deserui, -sertum	verlassen 129
desidero 1	sich sehnen nach (*hier*: einbüßen) 101
despicio 3, despexi, -spectum	herabblicken auf jemanden 33
detraho 3, detraxi, -tractum	abnehmen 15
devenio 4, deveni, -ventum	hingelangen 9
dext(e)ra, -ae *f.*	die rechte Hand 25, 43
dexter, -(e)ra, -(e)rum	der rechte (*Adj.*) 25, 43
diacon, diaconis *m.*	Kirchendiener, Diakon 67
dico 3, dixi, dictum	*auch*: nennen 109
Dido, Didonis *f.*	Dido (*Gründerin Karthagos*) 19
difficultas, difficultatis *f.*	Schwierigkeit 113
dignitas, dignitatis *f.*	Würde 41, 63, 111
dimico 1	kämpfen 103
Diomedes, Diomedis *m.*	Diomedes 15
dirigo 3, direxi, -rectum	aufstellen 57
disco 3, didici, –	lernen 67
diutius (*Adv.*)	länger 103
diversus, -a, -um	verschieden 73, 77
divinus, -a, -um	göttlich 93
divus, -a, -um	göttlich, heilig 111
domo 1, domui, -itum	bezwingen 53
dono 1	(be-)schenken 15, 45
dormio 4	schlafen 11, 23
draco, draconis *m.*	Drache 15
ducatus, ducatus *m.*	*auch*: Herzogtum 93, 95
dum (+ *Ind./Konj.*)	solange; als (*seit der Spätantike* = **cum**) 9, 11, 70
duro 1	andauern 107
dux, ducis *m.*	*auch*: Herzog 70

E

ecclesia, -ae *f.*	Volksversammlung, Gemeinde; Kirche 33, 83, 107
edo 3, edidi, editum	herausgeben 125
in lucem edere	zur Welt bringen 125
efficio 3, effeci, -fectum	bewirken 49, 77, 113
effigio 3	formen 67
egregius, -a, -um	außergewöhnlich 107
eicio 3, eieci, eiectum	vertreiben 103
eligo 3, elegi, electum	(aus-)wählen 33, 37, 123
emineo 2, eminui, **–**	herausragen 63, 81
ensis, ensis *m.*	Schwert 21
episcopus, -i *m.*	Bischof 123, 125
ergo	also 31, 33, 77, 83
erigo 3, erexi, erectum	errichten 109, 111
esto / estote (*Imperativ II*)	sei / seid 27
Eurystheus, -i *m.*	Eurystheus (*König von Mykene*) 6
evoco 1	aufrufen, vorladen 95
ex adverso	gegenüber 33
excedo 3, excessi, -cessum	überschreiten, sich entfernen 43, 63
excipio 3, excepi -ceptum	aufnehmen, ausnehmen 21, 59, 101, 109
excito 1	aufwecken 11
exeo, -is, -ire, exii, -itum	hinausgehen 51
exerceo 2	(aus-)üben 65, 95, 117
eximius, -a, -um	besonders 45
existimor 1 + *NcI*	man glaubt von mir, dass ich ... 9
expeditio, expeditionis *f.*	Kriegszug 11, 95
expleo 2, explevi, -pletum	erfüllen 109, 123
expono 3, exposui, -positum	erklären 123, aussetzen 37, 39
expugno 1	erobern 49
extollo 3, extuli, –	erheben 11
extra (+ *Akk.*)	außerhalb 27
extremus, -a, -um	der äußerste, letzte (*Adj.*) 65

F

facies, faciei *f.*	Anblick, Gestalt, Gesicht 31, 35, 63
facultas, facultatis *f.*	(finanzielle) Möglichkeit 49, 87, 109
fama, -ae *f.*	Kunde 51
famulus, -i *m.*	Diener 15, 83
fanum, -i *n.*	Heiligtum 15
fel, fellis *n.*	Galle (*hier*: Gift) 13
felicitas, felicitatis *f.*	Glück 59, 125

felix (*Gen.*: felicis)	glücklich 69, 113, 125
femina, -ae *f.*	Frau 41, 43, 45
fera, -ae *f.*	(wildes) Tier 37
fides, fidei *f.*	Glaube 81, 83
fingo 3, finxi, fictum	formen (*auch*: erdichten) 9
flamma, -ae *f.*	Flamme, Feuer 9, 57
Florianus, -i *m.*	Florian 70
fluvius, -i *m.*	Fluss 79, 81
fons, fontis *m.*	Quelle 13, 81, 107
forma, -ae *f.*	(schöne) Gestalt 11, 63
forte (*Adv.*)	zufällig 57, 95
fortis, -e	*auch*: stark 107
fortitudo, fortitudinis *f.*	Stärke 23, 25
fortuna, -ae *f.*	Glück, Schicksal, *Pl.*: Vermögen 37, 51
Fridericus, -i *m.*	Friedrich 70
fugo 1	in die Flucht schlagen 49, 51
fulgens (*Gen.*: fulgentis)	glänzend 89

G

galea, -ae *f.*	Helm 33
Gaza, -ae *f.*	Gaza (*Stadt in Palästina*) 23
geminus, -i *m.*	Zwilling 11
gratia, -ae *f.*	*auch*: Gnade 93, 103
gravo 1	beschweren 59
grex, gregis *m.*	Herde 37, 39

H

habeo 2	*auch*: halten (Rede, Rat ...) 123
habitator, habitatoris *m.*	Einwohner 107
habito 1	wohnen 65
habitus, habitus *m.*	das Äußere 41, 45
Hasdrubal, Hasdrubalis *m.*	Hasdrubal (*Bruder Hannibals*) 49
hasta, -ae *f.*	Lanze 33
haud	nicht 43, 45, 99, 113
Heinricus, -i *m.*	Heinrich 70
Helena, -ae *f.*	Helena (*weibl. Eigenname*) 19
Hercules, Herculis *m.*	Herkules 6
heres, heredis *m.*	Erbe 45, 75, 113
heros, herois *m.*	Held 101
hic (*Adv.*)	hier 55, 70
Hierusalem (*indekl.*)	Jerusalem 29, 35
hinc (*Adv.*)	von hier, daher 19, 49, 87, 101
hodie (*Adv.*)	heute 6
hospitium, -i *n.*	Gastfreundschaft 55

I

iaceo 2, iacui, –	liegen 11
iacio 3, ieci, iactum	werfen 35
idcirco	deshalb 99
iecur, iecoris *n.*	Leber 9
igitur	daher 6, 70
Ilium, -i *n.*	Ilion (*Burg von Troja*) 19
immolo 1	opfern 9, 25
imperator, imperatoris *m.*	*auch*: Kaiser 70
impero 1	herrschen 53
in dies	Tag für Tag 117
in vicem (invicem)	gegenseitig 131
incedo 3, incessi, -cessum	(einher)gehen 33
incipio 3, incepi, -ceptum	anfangen 111
indico 1	(an)zeigen 9, 81
indico 3, indixi, -dictum	ankündigen 43
indignus, -a, -um	unwürdig 87
induo 3, indui, -dutum	bekleiden 33
infans, infantis *m.*	Kleinkind 37
inferi, -orum *m.*	Unterwelt 15
ingenium, -i *n.*	Talent 57
ingens (*Gen.*: ingentis)	gewaltig 59, 70
inquiens (*Präs. Part. zu* **inquit**)	sagend 101
insania, -ae *f.*	Wahnsinn 15
insequor 3, insecutus sum	verfolgen 11
insidiae, -arum *f. Pl.*	Hinterhalt 83
insigne, insignis *n.*	Auszeichnung, Kennzeichen 109, 125
insignis, insigne	ausgezeichnet 109
interrogo 1	fragen 45
intervenio 4	dazwischen treten, -kommen 15, 93
intro 1	eindringen 41, 103
introeo, -is, -ire, introii, -itum	hineingehen 27
invito 1	einladen 65
irascor 3, iratus sum	zornig werden 9, 15, 31
Isra(h)el(i) (*indekl.*)	das Volk Israel 6
iste, ista, istud	dieser, diese, dieses 119
item (*Adv.*)	ebenso 67
iterum (*Adv.*)	wieder 49, 79
iugiter (*Adv.*)	ununterbrochen 23
iungo 3, iunxi, iunctum	verbinden 11, 19, 81, 125
Iuno, Iunonis *f.*	Juno 15
iussu	auf Befehl 15, 81
Iuvavum, -i *n.* = **Iuváo** (*indekl.*) *f.*	Salzburg 89
iuvenis, iuvenis *m.*	junger Mann 39, 79
iuxta (+ *Akk.*)	gemäß 83
iuxta (*Adv.*) **ac**	genauso wie 101

L

lapis, lapidis *m.*	Stein 33, 35, 79
largus, -a, -um	reichlich 81, 107
latus, -a, -um	weit(hin) 89
latus, lateris *n.*	Seite 55, 103
laus, laudis *f.*	*auch*: Lobeshymne 11
lectus, -i *m.*	Bett 27, 29, 67
leo, leonis *m.*	Löwe 13
Leopoldus, -i *m.*	Leopold 70
liberalis, -e	eines Freien würdig, edel 67
ligo 1	binden 79
lucus, -i *m.*	Hain 37
Ludovicus, -i *m.*	Ludwig 70
lumen, luminis *n.*	Auge, Licht 25
luna, -ae *f.*	Mond 13

M

macies, maciei *f.*	Magerkeit 9
maiores, maiorum *m. Pl.*	Ahnen 57
malum, -i *n.*	Übel 9, 119
mālum, -i *n.*	Apfel 9, 15
Maria, -ae *f.*	Maria 70
Mars, Martis *m.*	Mars (*röm. Gott des Krieges*) 6
Maximilianus, -i *m.*	Maximilian 70
Megara, -ae *f.*	Megara (*erste Frau des Herkules*) 15
melius (*Adv.*)	besser 67
membrum, -i *n.*	Glied 63
memini, meminisse (*Perfekt mit Präsensbedeutung*) + *Gen.*	sich erinnern an 25, 87, 89
memento / **mementote** (*Imperativ II*)	erinnere dich / erinnert euch 25, 87
Mercurius, -i *m.*	Merkur (*Götterbote*) 9, 15
milito 1	Krieg führen, Kriegsdienst leisten 11, 45, 79
Minerva, -ae *f.*	Minerva (*Göttin der Weisheit*) 9
minor, minus	kleiner 119
minus (*Adv.*)	weniger 63, 77
miser, misera, miserum	unglücklich 19, 21
misericordia, -ae *f.*	Barmherzigkeit 81, 83
mollis, molle	weich 19
moneo 2	mahnen 59, 99, 101
monstro 1	zeigen 13
montanus, -a, -um	auf dem Berg befindlich; *n. Pl.*: Berg 129
mora, -ae *f.*	Verzögerung 19
morior 3, mortuus sum	sterben 6, 87
mortalis, mortale	sterblich 9
mox (*Adv.*)	bald 53, 125
muliebris, -e	weiblich 43
multo	viel 113
Mycenae, -arum *f.*	Mykene (*Stadt auf der Peloponnes*) 15

N

naturalis, -e	natürlich 65
navis longa, navis longae *f.*	Kriegsschiff 59
neco 1	töten 13, 59
nego 1	*auch*: ablehnen 99
Neptunus, -i *m.*	Neptun (*Gott des Meeres*) 15
non modo	nicht nur 41
nostrum (*Gen. Part. zu*: nos)	von uns 25
nubo 3, nupsi, nupta + *Dat.*	heiraten (*nur von der Frau*) 11
num (*im direkten Fragesatz*)	etwa? 31
numquid	etwa? 33
nuptiae, -arum *f. Pl.*	Hochzeit 123
nutrix, nutricis *f.*	Amme 37

O

obeo, -is, -ire, obii, -itum	sterben 70
obicio 3, obieci, -iectum	entgegenwerfen 15
obitus, obitus *m.*	Tod 65
obprobrium, -i *n.*	Schande 31
observo 1	*auch*: beobachten 27
obsidio, obsidionis *f.*	Belagerung 131
occurro 3, occurri, -cursum	sich zeigen; eintreten 107
Oceanus, -i *m.*	Ozean 53
olim (*Adv.*)	einst 89, 109
omnis, -e	*im Sg.*: jeder 95
opera, -ae *f.*	Mühe 67
opes, opum *f. Pl.*	(Hilfs-)Mittel 55
oportet 2, oportuit, –	es ist nötig 77, 87
opportunus, -a, -um	günstig 123
opprimo 3, oppressi, -pressum	überwältigen 37, 107
(ops), **opis** *f.*	Hilfe 125
ora, -ae *f.*	Küste 21
oratio, orationis *f.*	Gebet, Rede 27, 29, 83
ordo, ordinis *m.*	Stand 70
oriens, orientis *m.*	Osten 83
orior, -eris, oriri, ortus sum	abstammen 37
ornatus, ornatus *m.*	Schmuck 41, 101
orno 1	schmücken, ausrüsten 49, 111
oro 1	beten, reden, bitten 67, 81
os, ossis *n.*	Knochen 9, 87

Othocarus, -i *m.*	Ottokar 70
ovis, ovis *f.*	Schaf 31

P

palam + *Abl.*	öffentlich vor 99
palma, -ae *f.*	Palme (*Siegeszeichen*) 81, 83
panis, panis *m.*	Brot 117
Pannonia, -ae *f.*	Pannonien 83
parens, parentis *m./f.*	Vater / Mutter 123
pario 3, peperi, partum	hervorbringen, gebären 11, 111
Páris, Páridis *m.*	Páris (*trojanischer Prinz*) 19
particeps (*Gen.*: participis) + *Gen.* (*hier*: + *Dat.*)	teilhaftig 77
parum (*Adv.*)	zu wenig 67, 117
Pasiphaë, -ae *f.*	Pasiphaë (*Frau des Königs Minos*) 15
pastor, pastoris *m.*	Hirte 37, 39
patefacio 3, patefeci, -factum	öffnen 49
pateo 2, patui, –	offen stehen, sich erstrecken 21, 53
patrius, -a, -um	einheimisch 67
paululum (*Adv.*)	ein wenig 25
paululus, -a, -um	wenig, klein 63
pauper (*Gen.*: pauperis, *Abl.*: paupere)	arm 103
pectus, pectoris *n.*	Brust 43
pellis, pellis *f.*	Fell 9, 13
penna, -ae *f.*	Feder 13
percutio 3, percussi, -cussum	(tot) schlagen 6, 103
perduco 3, perduxi, -ductum	hinführen 81
peregrinus, -a, -um	fremd 67
permoveo 2, permovi, -motum	bewegen 39
persequor 3, persecutus sum	verfolgen 35
persevero 1	fortfahren 45
Pharus, -i *m.*	Pharos (*Leuchtturm in Alexandria*) 59
Philippus, -i *m.*	Philipp 125
Philistheus, -i *m.*	ein Philister 6
Philistini, -orum *m. Pl.*/ **Philistim** (*indekl.*)	die Philister 6
pietas, pietatis *f.*	Frömmigkeit 83
piscis, piscis *m.*	Fisch 117
plenus, -a, -um	voll 25, 113, 123
plures, plura *m./f./n.*	mehr(ere) 25, 65, 70
plurimus, -a, -um	am meisten, sehr viel 6, 109
Pompeius, -i *m.*	Pompeius 6
pontifex, pontificis *m.*	Papst 109, 125
porto 1	tragen 51
postulatum, -i *n.*	Forderung 121, 123
potentia, -ae *f.*	Macht 29
potestas, potestatis *f.*	Möglichkeit 9, 43
potus, potus *m.*	Trinken (*auch*: Trank) 27
prae (+ *Abl.*)	vor 27, 81
praebeo 2, -ui, -itum	darbieten, erweisen 21 37, 119
praeceptum, -i *n.*	Vorschrift 87
praecipio 3, praecepi, -ceptum	unterrichten 19
praecipito 1	herabstürzen 79
praecipuus, -a, -um	besonders 67, 113
praefectus, -i *m.*	Präfekt 55
praemitto 3, praemisi, -missum	vorschicken 43, 59
praesens (*Gen.*: praesentis)	anwesend 51, 70
praesum, -es, -esse, praefui, – + *Dat.*	leiten 57, 129
premo 3, pressi, pressum	bedrängen 59
presbyter, -eri *m.*	Priester 83
procedo 3, processi, -cessum	vorrücken 33, 43, 53, 83
procul (*Adv.*)	fern 43
progressus, progressus *m.*	Fortschritt 109
proinde	darum 99
Prometheus, -i *m.*	Prometheus 6
promitto 3, promisi, promissum	versprechen 23
propositum, -i *n.*	Vorhaben 83
proprius, -a, -um	eigen(tümlich) 101
prosperus, -a, -um	günstig, glücklich 65 131
protinus (*Adv.*)	sofort 43
proventus, proventus *m.*	Zuwachs 37
provideo 2, providi, -visum	vorsorgen 51
Ptolemaeus, -i *m.*	Ptolemaeus (*König von Ägypten*) 55
puella, -ae *f.*	Mädchen 37
puer, pueri *m.*	Knabe 6

Q

qua (*Adv.*)	wo; dort 49, 59
quadraginta (*indekl.*)	vierzig 41, 57, 77, 117
quadrigae, -arum *f.*	Viergespann (*hier*: Wagenladungen) 117
quaero 3, quaesivi, quaesitum	*auch*: erwerben 119
quamquam	obwohl 63
quando	wann (*hier rel. Anschl.*: damals) 77

quasi (+ *Konj.*)	als ob 39
quia	dass 33, 79
quicquid	was auch immer 13, 67, 119
quin immo = **quin etiam**	ja sogar 11
quippe	denn 45, 87
quod	*auch*: dass 70
quotannis	alljährlich 117

R

rarus, -a, -um (*Adverb*: **raro**)	selten 107, 119
ratio, rationis *f.*	Vernunft (*hier*: Art) 57
ratus, -a, -um	gültig 95, 123
reddo 3, reddidi, -ditum + *doppelter Akk.*	machen (zu) 19
regia, -ae *f.*	Königsburg, Pfalz 57, 65
regina, -ae *f.*	Königin 15, 41, 43
regio, regionis *f.*	Gebiet 73, 113
regius, -a, -um	königlich; des Königs 59
Remus, -i *m.*	Remus 6
reperio 4, repperi, -pertum	finden 87
respicio 3, respexi, -spectum	blicken auf 29
retrorsum (*Adv.*)	zurück 107
Rhenus, -i *m.*	Rhein 53
Rhodanus, -i *m.*	Rhône 49, 53
rivus, -i *m.*	Fluss 129
Romulus, -i *m.*	Romulus 6
Rudolphus, -i *m.*	Rudolf 70
rufus, -a, -um	rothaarig 33

S

sacer, -ra, -rum	heilig 9, 37, 125
sacerdos, sacerdotis *m./f.*	Priester/in 37
sacra, -orum *n.*	*auch*: Gottesdienst 125
sacramentum, -i *n.*	Eid 121
sacrificium, -i *n.*	Opfer 79
sacrifico 1	opfern 79
sagitta, -ae *f.*	Pfeil 13
saltem (*Adv.*)	mindestens 25
Samson (*indekl.*)	Samson (*biblischer Held*) 6
sanctus, -a, -um	heilig 70
sanguis, sanguinis *m.*	Blut 103
satelles, satellitis *m.*	Gefolgsmann 55, 65
Saul (*indekl.*)	Saul (*biblischer König*) 6
saxum, -i *n.*	Fels 9, 81
scapha, -ae *f.*	Boot 59
secundum + *Akk.*	gemäß 27, 29
sedeo 2, sedi, –	sitzen 63
semel (*Adv.*)	einmal 23
senex, senis *m.*	alter Mann 67
sententia, -ae *f.*	*auch*: Spruch 79
sepelio 4, sepelivi, sepultum	bestatten 81
septuaginta (*indekl.*)	siebzig 59
sepulcrum, -i *n.*	Grab 55
sepultura, -ae *f.*	Grab 87
sermo, sermonis *m.*	Rede(weise) 31, 67
serpens, serpentis *f.*	Schlange 11
servo 1	bewahren, bewachen 15, 43
Severinus, -i *m.*	Severin 70
sexus, sexus *m.*	Geschlecht 6, 113
si	*auch*: ob 33
sicut	so wie 23, 27, 29, 87
similitudo, similitudinis *f.*	Ähnlichkeit 39
simul (*Adv.*)	zugleich 29
simulo 1	vortäuschen 41, 51
singularis, -e	einzigartig 57
situs, -a, -um	begraben (*eigtl.*: gelegen) 75, 109
sive	oder 95
sive – sive	entweder – oder 37
solium, -i *n.*	Thron 19
somnus, -i *m.*	Schlaf 23
soror, sororis *f.*	Schwester 21, 55
sors, sortis *f.*	Los 15
spatium, -i *n.*	*auch*: Strecke 55
specialis, speciale	besonders 103
species, speciei *f.*	Anblick, Gestalt, Anschein 19, 37, 45
spiritus, spiritus *m.*	Geist 81
spolium, -i *n.*	Beute (*eigtl.*: Rüstung) 131
sponsa, -ae *f.* / **sponsus**, -i *m.*	Braut / Bräutigam 123, 125
statim (*Adv.*)	sofort 70
statuo 3, statui, statutum	festsetzen 73, 95
statura, -ae *f.*	Wuchs, Gestalt 11, 63
stercus, stercoris *n.*	Mist 13
stipendium, -i *n.*	Steuer, Dienstjahr 53, 75
sto 1, steti, –	stehen 6
Styria, -ae *f.*	Steiermark 70
suburbanus, -a, -um	vor der Stadt gelegen 129
succedo 3, successi, -cessum	Erfolg haben, nachfolgen 67, 77, 93
sufficio 3, suffeci, -fectum	ausreichen 11
super (+ *Akk.*)	über 6, 79
superbus, -a, -um	stolz 19
supplex (*Gen.*: supplicis)	flehentlich 99
surgo 3, surrexi, -rectum	sich erheben, aufstehen 11, 33
suscipio 3, suscepi, -ceptum	auf sich nehmen, übernehmen 19, 29, 70
suspicio, suspicionis *f.*	Verdacht 39

T

tabernaculum, -i *n.*	Zelt 27, 35, 99, 129
tabula, -ae *f.*	Schreibtafel 67
tabulae ultimae, -arum *f. Pl.*	Testament 111
tantum (*Adv.*)	nur 67
taurus, -i *m.*	Stier 9, 15
tectum, -i *n.*	Dach 25
tego 3, texi, tectum	bedecken 9, 89
tempto 1	versuchen 67
ter (*Adv.*)	dreimal 117
Theseus, -i *m.*	Theseus 15
Thracia, -ae *f.*	Thrakien (*Landschaft am nordöstl. Balkan*) 15
tingo 3, tinxi, tinctum	benetzen 13
tormentum, -i *n.*	Geschütz 131
totalis, -e	gänzlich 107
transfero, -ferre, transtuli, -latum	übertragen 111
transitus, transitus *m.*	Durchgang, -zug 49, 107
trecenti, -ae, -a	dreihundert 43, 117
triceps (*Gen.*: tricipitis)	dreiköpfig 15
Troia, -ae *f.*	Troja (*Stadt in Kleinasien*) 19
tumultus, tumultus *m.*	Aufruhr 125
tunc (*Adv.*)	dann, damals 23, 39, 65, 70
turbo 1	beunruhigen 83
turris, turris *f.*	Turm 89, 129
tutor, tutoris *m.*	Beschützer 103
Typho, Typhonis *m.*	Typhon (*einer der Giganten*) 13, 15
Tyrolis, Tyrolis *f.*	Tirol 70

U

ubi (*nach Punkt, Strichpunkt, Doppelpunkt*)	dort 83
ulciscor 3, ultus sum	rächen 11, 25
ullus, -a, -um	irgendein 65, 87
umquam (*Adv.*)	jemals 49
unde (*nach Punkt, Strichpunkt, Doppelpunkt*)	daher 13, 63
usque ad (+ *Akk.*)	bis zu 6, 129
usque dum	solange, bis 35
uterus, -i *m.*	Schoß 23
utrimque (*Adv.*)	auf beiden Seiten 131

V

vacuus, -a, -um	frei 67
valde (*Adv.*)	sehr 27, 31
valetudo, valetudinis *f.*	Gesundheit(szustand) 65
vallis, vallis *f.*	Tal 29, 35, 107
vasto 1	verwüsten 25
vehemens (*Gen.*: vehementis)	heftig 77, 101
vel	oder 83, 95
velut(i)	wie (wenn), so wie 37, 39, 89
vel – vel	entweder – oder 117
venalis, venale	käuflich 117
venenum, -i *n.*	Gift 13
veneror 1	verehren 67
venus, veneris *f.*	Liebesgenuss 45
verbum, -i *n.*	Wort, Äußerung 27, 31
vereor 2, veritus sum	fürchten 51
versor 1	sich befinden 11
verum	sondern 65
vestimentum, -i *n.*	Kleidung(sstück) 33
vestis, vestis *f.*	Kleidung(sstück) 33, 41, 43
vestitus, vestitus *m.*	Kleidung 101
via, -ae *f.*	Weg 9, 35, 113
vice + *Gen.*	anstelle 41
vicesimus, -a, -um	der zwanzigste (*Adj.*) 123, 125
vicinia, -ae *f.*	Nähe, Nachbarschaft 70
vicinus, -a, -um	benachbart 95
Vienna, -ae *f.*	Wien 70
Viennensis, -e	aus Wien 70
villa, -ae *f.*	Hof; Dorf 107, 117
vincio 4, vinxi, vinctum	fesseln 9, 23
violo 1	verletzen 121
virilis, -e	männlich 37, 63
virtus, virtutis *f.*	*auch*: Tüchtigkeit 41
vis, vim, vi *f.*	*auch*: Menge 117, 121
voco 1	*auch*: rufen 23, 25, 79
volo 1	fliegen 21
vulgaris, vulgare	nach Art des einfachen Volkes 101
vulgus, -i *n.*	Pöbel 119
vulnus, vulneris *n.*	Wunde 103, 125
vultus, vultus *m.*	Miene, Blick 45

Werke und Autoren

Andrian, Carl (1680-1745), aus Tirol, Jesuit, studierte in Wien, Doktor der Philosophie und Theologie, Historiker, lehrte in Görz, Klagenfurt und Passau, Verfasser der *Epochae Habspurgo-Austriacae* (hrsg. v. Th. v. Pelichy, Wien 1762).

Aurelius Victor (4. Jhdt. n. Chr.), aus Nordafrika, hoher römischer Staatsbeamter, Verfasser einer Geschichte der Kaiser von Augustus bis Constantinus II. (360); fälschlicherweise sind unter seinem Namen zwei hist. Schriften über die Zeit der Republik überliefert, nämlich „Origo gentis Romanae" und „De viris illustribus".

Bibel: Das Alte Testament wurde im 3. Jhdt. v. Chr. für die hellenisierten Juden in Alexandria aus dem Hebräischen in die griechische Umgangssprache („Koiné") übersetzt: die so genannte „Septuaginta". Das Neue Testament ist schon auf Griechisch verfasst worden; die älteren lateinische Übersetzungen werden unter dem Namen „Vetus Latina" zusammengefasst; zwischen 382 und 405 n. Chr. schuf Hieronymus auf Betreiben des Papstes Damasus eine lateinische Übersetzung, die die älteren Versionen verdrängte und seit dem 12. Jhdt. als „Vulgata" bezeichnet wird. Diese wurde auf dem Konzil von Trient dem Urtext gleichgestellt, seit 1979 gibt es eine überarbeitete Fassung, die „Nova Vulgata".

Boccaccio, Giovanni (1313-1375), Humanist aus Florenz, Kaufmann, dann florentinischer Gesandter, Bewunderer und Freund Petrarcas, Schöpfer der italienischen Prosadichtung, besonders durch seine Novellensammlung „Decamerone"; schrieb auch lateinisch, u. a. „De claris mulieribus" und „Genealogia deorum gentilium".

Caesar, C. Iulius (100-44 v. Chr.), röm. Staatsmann (Konsul 59 v. Chr.) und Feldherr (Eroberer Galliens), nach dem Sieg im Bürgerkrieg Diktator und Reformer; Verfasser von literarischen „Commentarii" (7 Bücher „De bello Gallico" und 3 Bücher „De bello civili"), 44 v. Chr. von Senatoren ermordet.

Carmina Burana (12./13. Jhdt.), eine Sammlung mittelalterlicher Vagantenlyrik, benannt nach ihrem Auffindungsort im bayrischen Kloster Benediktbeuern (*codex Buranus*); die Gedichte, deren Verfasser zumeist unbekannt sind, handeln – neben satirischer Kritik am Klerus – von Liebe und Natur bzw. vom Trinken und Spielen der Vaganten.

Curtius Rufus (1. oder 2. Jhdt. n. Chr.), Verfasser der „Historiae Alexandri Magni Macedonis" in zehn Büchern (bis auf Buch 1 und 2 fast vollständig erhalten), ein Geschichtswerk mit romanhaften Zügen.

Einhard (ca. 770-840 n. Chr.), Gelehrter am Hofe Karls des Großen, zog sich nach Streitigkeiten der Erben des Kaisers ins von ihm gegründete Kloster Seligenstadt zurück, sein bekanntestes Werk ist die Biographie Karls des Großen („Vita Karoli Magni") im Stile der Kaiserbiographien Suetons.

Eugippius (geb. nach der Mitte des 5. Jhdt.s n. Chr.), trat in das Kloster in Favianis / Mautern ein, siedelte 488 nach Italien aus. Als Abt des Severinklosters in Castrum Lucullanum bei Neapel verfasste er ein *Commemoratorium vel indica vitae* des hl. Severin, ohne ihn persönlich gekannt zu haben. Eugippius stand mit vielen Gelehrten im Briefkontakt, verfasste *Excerpta ex operibus S. Augustini* sowie eine Mönchsregel.

Eutropius (4. Jhdt. n. Chr.), schrieb auf Veranlassung des Kaisers Valens (364-378 n. Chr.) einen kurzen lateinischen Abriss der römischen Geschichte, das „Breviarium ab urbe condita" (von Romulus bis Kaiser Jovian 364 n. Chr.). Es enthält vor allem Kriegsgeschichte und wurde schon bald Schulbuch; es existieren Übersetzungen ins Griechische bzw. Erweiterungen (u. a. von Paulus Diaconus, 8. Jhdt. n. Chr.).

Faber, Felix (Ende 15. Jhdt.), verfasste ein „Evagatorium in terrae sanctae, Arabiae et Egypti peregrinationem" (Bericht über seine Pilgerfahrt ins Hl. Land).

Florus, L. Annaeus (2. Jhdt. n. Chr.), aus Nordafrika, schrieb „Epitome bellorum omnium annorum DCC", einen Abriss aller Kriege Roms bis zu Augustus.

Hyginus Mythographus (2. Jhdt. n. Chr.), anonymer Verfasser eines mythologischen Handbuchs (*Fabulae*), das fälschlich dem Leiter der Bibliothek auf dem Palatin, C. Iulius Hyginus (64 v.-17 n. Chr.) zugeschrieben wurde.

Istvanffy, Nicolaus (1535-1615), ungarischer Humanist, Sekretär des Primas von Ungarn; im 10. Buch seiner „Regni Hungarici Historia" beschreibt er die 1. Türkenbelagerung Wiens (ein Teil des Werkes hrsg. bei Springhetti, *Selecta Latinitatis Scripta Auctorum Recentium*, Rom 1951).

Iustinus (3. Jhdt. n. Chr.), schrieb eine Kurzfassung der „Historiae Philippicae", einer lateinischen Universalgeschichte in 44 Büchern des Pompeius Trogus (1. Jhdt. v. Chr.).

Mythographi Vaticani, Bezeichnung für drei mythographische Sammlungen. Genauere Anhaltspunkte für eine Datierung sind nicht gegeben. Die nüchtern wirkenden, auf das Zusammentragen mythologischer Kenntnisse bedachten Sammlungen bieten den Stoff handbuchmäßig dar. Als Quellen dienten spätantike Handbücher (Servius, Fulgentius, Macrobius, Martianus Capella).

Nepos, Cornelius (ca. 100-25 v. Chr.), aus Oberitalien, römischer Historiker, befreundet mit Cicero, Atticus und Catull. Von seinen Werken sind nur Teile der Sammlung „De viris illustribus" erhalten, und zwar die Biographien einiger nichtrömischer Feldherrn bzw. die der lateinischen Historiker Cato und Atticus.

Orosius (5. Jhdt. n. Chr.), aus Braga / Portugal, schrieb auf Anregung des Kirchenvaters Augustinus seine „Historiae adversum paganos", einen Abriss der Weltgeschichte aus christlicher Sicht.

Piccolomini, Enea Silvio (1405-1464), Humanist aus der Gegend von Siena, nach Studium Sekretär (bischöflich, dann päpstlich, bei Kaiser Friedrich III.), in Frankfurt zum Dichter gekrönt, Bischof von Triest und Siena, schließlich Papst (**Pius II.**). Verfasste u. a. *Historia Friderici III.* und *Historia de Europa* (Text zugängl. u. a. in: R. Wolkan, *Fontes rer. Austr.* LXI, LXII, LXVII, LXVIII, 1909-18).

Plutarch (ca. 46-120 n. Chr.), aus Chaironeia in Mittelgriechenland, Biograph und akademischer Philosoph, Studien in Athen, weitgereist, stand in der Gunst der Kaiser Trajan und Hadrian. Neben philosophischen Schriften stammen von ihm „Parallelbiographien" großer Griechen und Römer, z. B. Alexander/Caesar.

Rudimenta historica (1731), Lehrbuch für Gymnasien der Jesuiten, der 3. Band befasst sich mit der Geschichte der römischen Kaiser von Konstantin bis Karl VI.

Suetonius, Tranquillus (ca. 75-150 n. Chr.), röm. Ritter, Rechtsanwalt, Sekretär bei Kaiser Hadrian, verfasste u. a. „De vita Caesarum", Biographien von Caesar bis Domitian.

Velleius Paterculus, römischer Geschichtsschreiber (1. Jhdt. n. Chr.), Verfasser einer „Historia Romana" in zwei Büchern. Diese liefert einen Abriss der römischen Geschichte bis zur Zeit des Kaisers Tiberius, unter dem Velleius als Offizier in Germanien und Pannonien gedient hatte.

Register der behandelten Personen und Sachen